| 지은이 **린다 굿맨** Linda

1925년 미국의 웨스트버지니
자 저널리스트였으며 시인이자 ....ㅆ습니다. 린다 굿맨은 제2차 세
계대전 동안 〈린다의 러브레터 Love Letters from Linda〉라는 유명한 라디오 프로
그램을 진행하면서 명성을 얻기 시작했습니다. 그 이후 미국의 동부와 남동
부 지역 신문에 기고를 하면서 본격적인 저술 활동을 시작하였고, 흑인 인권
운동가이자 미국도시연맹 National Urban League의 회장이었던 휘트니 영 Whitney
Young의 연설문을 작성하기도 했습니다. 린다 굿맨이 풍부한 임상 경험과 인간
에 대한 깊은 이해를 바탕으로 집필한 『당신의 별자리』는 1968년 출간 이후 공
전의 히트를 기록하였습니다. 천문해석학 분야의 책으로는 처음으로 『뉴욕 타
임스』 베스트셀러 목록에 오르는 쾌거를 이루었고, 1978년 출간된 『사랑의 별
자리 Linda Goodman's Love Signs』 또한 『뉴욕 타임스』 베스트셀러 목록에 올랐습
니다. 그녀의 책들은 40여 년이 지난 지금까지 전 세계 독자들의 사랑을 받고
있는 고전이며 베스트셀러입니다. 책 곳곳에는 네 명의 자녀를 둔 어머니로
서 자녀들에게 전해 주고 싶은 아름답고 따뜻한 경험과 지혜가 스며들어 있
습니다. 그녀는 콜로라도 주에 있는 크리플 크리크에서 말년을 보냈으며, 그
녀가 살던 집은 현재 여행자들을 위한 게스트하우스가 되었습니다. 1995년
향년 70세로 생을 마감했습니다.

| 옮긴이 **이순영**

1970년 강릉에서 태어나고 자랐습니다. 한국외국어대학교 영어과를 졸업한 뒤
여러 기업체에서 해외 업무를 담당했습니다. 2009년 도서출판 북극곰을 설립
하여 환경과 영혼의 치유를 주제로 일련의 책들을 꾸준히 발간하고 있으며, 번
역가로도 왕성하게 활동하고 있습니다. 번역서로는 노베르트 로징의 『북극곰』,
마르타 알테스의 『안돼!』, 엠마누엘레 베르토시의 『나비가 되고 싶어』가 있으
며, 린다 굿맨의 『사랑의 별자리』도 곧 아름다운 우리말로 선보일 예정입니다.

당신의 별자리

양자리

당신의 별자리

양자리

2012년 12월 21일 초판 1쇄

지은이 린다 굿맨 ‖ **옮긴이** 이순영

펴낸이 이순영 ‖ **편집** 이루리 ‖ **디자인** 오빛나 ‖ **덕담** 최우근 ‖ **박은곳** 한영문화사

펴낸곳 북극곰 ‖ **주소** 서울시 은평구 진관동 은평뉴타운 우물골 239동 1001호

전화 02-359-5220 ‖ **팩스** 02-359-5221

이메일 bookgoodcome@gmail.com ‖ **홈페이지** www.bookgoodcome.com

블로그 http://blog.naver.com/codathepolar ‖ **페이스북** 도서출판 북극곰

ISBN 978-89-97728-19-0 03180   **값** 9,000원

Linda Goodman's Sun Signs

전 세계 1억 독자의 마음을 사로잡은 작가 린다 굿맨
열두 별자리 지구인에 대한 가장 따뜻한 심리학

당신의 별자리

양자리

3. 21 ~ 4. 20

린다 굿맨 **지음** | 이순영 **옮김**

북극곰

진정으로 지인들을 이해했던 쌍둥이자리 마이크 토드를 위하여

그리고 물고기자리 멜리사 앤과의 약속을 지키기 위해

이리하여 이상한 나라가 생겨났네.
이렇게 서서히 하나씩 하나씩
이상한 사건들이 일어나고
이제 하나의 이야기가 만들어졌네.

감사의 말

나의 벗이자 스승인 처녀자리 천문해석가 로이드 코프의 도움과 조언에 깊이 감사드립니다. 로이드의 격려와 신뢰가 없었다면 이 책은 그저 양자리의 여러 꿈 중 하나로만 남아 있었을 것입니다.

★ 열두 별자리 개요

별자리	상징	기간	지배행성	구성 원소	상태
양자리 *Aries*	♈	3.21~4.20	화성 *Mars*	불	활동
황소자리 *Taurus*	♉	4.21~5.21	금성 *Venus*	흙	유지
쌍둥이자리 *Gemini*	♊	5.22~6.21	수성 *Mercury*	공기	변화
게자리 *Cancer*	♋	6.22~7.23	달 *Moon*	물	활동
사자자리 *Leo*	♌	7.24~8.23	태양 *Sun*	불	유지
처녀자리 *Virgo*	♍	8.24~9.23	수성 *Mercury*	흙	변화
천칭자리 *Libra*	♎	9.24~10.23	금성 *Venus*	공기	활동
전갈자리 *Scorpio*	♏	10.24~11.22	명왕성 *Pluto*	물	유지
사수자리 *Sagittarius*	♐	11.23~12.21	목성 *Jupiter*	불	변화
염소자리 *Capricorn*	♑	12.22~1.20	토성 *Saturn*	흙	활동
물병자리 *Aquarius*	♒	1.21~2.19	천왕성 *Uranus*	공기	유지
물고기자리 *Pisces*	♓	2.20~3.20	해왕성 *Neptune*	물	변화

★ 용어 설명

- **천문해석학**astrology : 인간이 태양과 달을 포함한 행성들의 영향을 받는다는 전제 하에 태어나는 시간과 장소에 따른 행성들의 위치에 근거하여 사람의 성격과 삶에 대하여 풀이하는 학문으로, 일명 점성학이라고 알려져 있음.

- **출생차트**natal chart : 태어나는 시간과 장소에서 본 행성들의 위치.

- **충돌 각도**hard aspect : 출생차트의 행성들이 서로 90도나 180도를 이루고 있는 경우.

- **태양별자리**sun signs : 태어난 시간과 장소에서 볼 때 태양이 위치하고 있는 별자리.

- **달별자리**moon signs : 태어난 시간과 장소에서 볼 때 달이 위치하고 있는 별자리.

- **동쪽별자리**ascendant : 태어난 시간과 장소에서 볼 때 동쪽 지평선에 위치하고 있는 별자리.

- **영역**house : 태어난 시간에 태어난 위치에서 보이는 하늘을 12구역으로 나눈 것으로 인생의 다양한 경험 분야를 의미함.

- **경계선**cusps : 각 영역의 시작점.

★ 별자리(태양별자리)란?

'태양별자리'라는 말은 당신이 만약 쌍둥이자리라면 당신이 태어난 시간에 태양이 쌍둥이자리라 불리는 곳에 위치해 있었고, 그 시기는 대략 5월 22일에서 6월 21일 사이라는 것을 의미합니다. 그 기간은 천문해석학 책에 따라 약간씩 다를 수 있습니다. 실제로 태양별자리가 바뀌는 시점은 정해져 있지 않습니다. 자정에 바뀐다고 가정하면 매우 간단한 일이지만 실제로는 그 시간이 하루 중 언제가 될지 알 수 없답니다. 예를 들어, 지난 몇십 년 동안은 양자리가 황소자리로 바뀌는 날은 4월 20일이었습니다. 그러니 4월 20일은 때에 따라 양자리가 될 수도 있고 황소자리가 될 수도 있는 것입니다. 출생차트를 뽑아 보지 않으면 사실은 양자리인 당신이 평생 황소자리라고 잘못 알고 살 수도 있는 것입니다. 어떤 별자리가 시작하는 날이나 끝나는 날에 태어난 사람이라면 정확한 출생 시간과 출생 장소(위도 및 경도)를 알고 있어야만 어떤 별자리인지 정확하게 알 수 있습니다.

※ 이 책에 인용된 시들은 모두 루이스 캐럴의 작품에서 빌어 왔음을 밝혀 둡니다.

한국어판에서는 비룡소에서 출판한 『이상한 나라의 앨리스』와 『거울나라의 앨리스』를 참조하였습니다.

※ 개인의 출생차트는 윈스타winstar 프로그램이나 http://www.astro.com 등을 이용하여 볼 수 있습니다.

※ 이 책의 각주는 모두 역자가 단 것입니다.

목차

태양별자리를 어떻게 이해할 것인가

오래 전 이야기가 시작되었으니
여름의 태양이 그 빛을 발하고 있을 때
우리가 노 젓는 박자에 맞추어
울려 퍼지던 단아한 종소리

언젠가 당신은 출생차트의 상세한 내용을 알고 싶어질 때가 올 겁니다. 하지만 출생차트를 이해하려면 우선 무엇보다도 태양별자리를 이해해야 합니다. 우리는 잡지나 신문에서 단순히 열두 가지로 분류된 별자리 운세를 흔히 볼 수 있습니다. 그런데 별자리 운세를 읽는 것과 개개인의 태양별자리를 이해하는 것을 혼동하지 않았으면 합니다. 별자리 운세는 대체로 아주 그럴듯한 내용으로 당신의 관심을 끌지는 몰라도 오류가 전혀 없다고 할 수는 없습니다. 당신의 성격과 에너지를 전문적이고도 정확하게 분석하려면 당신이 태어난 정확한 날짜와 시간에 근거한 출생차트가 필요합니다.

하지만 이런 별자리 운세를 '누구에게나 해당하는 뻔하고 일반적인 내용을 모아놓은 잡동사니'로 치부해 버리는 경향도 경계해야 합니다. 이 또한 사실이 아니니까요. 그러한 예언(암시라는 말이 더 적합하겠지만)은 황소자리나 물고기자리 또는 처녀자리에게 각각 적용되는 것이지 열두 별자리 모두에게 마구잡이식으로 적용되는 이야기는 아닙니다. 별자리 운세는 실력 있는 전문가들이 출생차트의 태양별자리를 비롯하여 그 시기에 하늘에서 움직이는 여러 행성들 사이의 각도를 수학적으로 계산하여 작성하므로 어느 정도까지는 예측이 가능합니다. 그러나 중요한 것은 그러한 예측들이 개개인의 출생차트에 있는 태양별자리와 여덟 개의 행성 및 달의 각도를 정확하게 반영하지 않기 때문에 개인별로 완벽하게 맞아떨어지지는 않는다는 것입니다. 이러한 결함을 감안하고 본다면 별자리 운세는 흥미롭고 도움이 될 만한 정보입니다.

태양은 모든 별 중에서도 가장 강력한 별입니다. 태양은 인간의 성격에 지대한 영향력을 미치기 때문에 태양별자리에 대한 해석만으로도 그날 태어난 개인에 대해서 놀라울 정도로 정확하게 설명할 수 있습니다. 태양의 전자기 파장(현재의 연구조사 수준에서는 이렇게밖에 표현할 수 없습니다.)은 우리가 인생을 살아가면서 태양별자리의 기질을 지속적으로 발현해 나갈 수 있도록 해 줍니다. 태양별자리가 인간의 행동과 특징을 분석하는 데 사용하는 유일한 요소는 아니지만, 상당히 중요한 의미를 차지하고 있습니다.

어떤 천문해석가는 태양별자리를 다루는 책들이 민족별·직업별 특징을 무시하고 인간의 특징을 일반화했다고 주장하기도 합니다. 그러한 생각에 대해 이해는 하지만 동의할 수는 없습니다. 물론 태양별자리를 잘못된 태도로 사용한다면 사람들을 호도하기 쉽다는 것은 사실입니다. 하지만 분명한 것은 출생차트 없이 태양별자리를 해석하는 것만으로 탁월하게 인간을 분석하고 본성을 이해할 수 있다는 사실입니다.

개인의 태양별자리는 대략 80퍼센트 정도 정확하며 가끔은 90퍼센트까지도 정확한 경우가 있습니다. 이 정도라면 아무것도 모르는 것보다는 훨씬 낫지 않을까요? 물론 나머지 10~20퍼센트도 매우 중요하므로 무시할 수는 없습니다. 하지만 우리가 한 사람의 태양별자리를 안다면 이미 기본적인 정보들을 얻게 되는 것입니다. 태양별자리에 관한 지식을 신중하게 적용한다면 위험성은 전혀 없다고 할 수 있습니다. 우리가 나머지 10~20퍼센트로 인해 잘못된 정보를 얻을 수도 있다는 점을 유념한다면 자신 있게 태양별자리를 해석할 수 있습니다.

그렇다면 태양별자리란 무엇일까요? 태양별자리란 당신이 태어나서 첫 숨을 들이쉬던 그 순간 태양이 있던 특정한 위치, 즉 양자리·황소자리·쌍둥이자리 등을 말합니다. 이는 천문학자들이 계산해 놓은 천문력 ephemeris에 따라 추출해 낸 정확한 위치를 의미합니다. 일러두기에서 밝힌 바와 같이 어떤 태양별자리가 시작하는 날이나 끝나는 날에 태어난 사람의 경우에는 정확한 출생 시간과 출생 장소의 위도 및 경도를 알아야만 어떤 태양별자리에 해당하는지 정확하게 알 수 있습니다. 다시 말해 이 책을 포함하여 모든 천문해석학 책에서 태양별자리가 시작하는 날과 끝나는 날은 대략적인 날짜라는 점을 반드시 기억해 주길 바랍니다. 이 시작하는 날과 끝나는 날을 경계선이라고 하는데, 이 경계선은 다소 혼란스러운 부분이 있습니다. 어떤 천문해석가는 이 기간을 조금 더 길게 보는 경우도 있지만, 어쨌거나 초보자는 헷갈릴 수밖에 없습니다. 그러나 당신이 태어난 날의 태양별자리가 쌍둥이자리라면 아무리 그 날짜가 경계선에 가깝다고 하더라도 쌍둥이자리라고 보아야 합니다. 쌍둥이자리 앞 별자리나 그 다음 별자리의 영향력을 무시할 수는 없지만, 그렇다고 해서 당신을 황소자리나 게자리로 바꿀 정도로 쌍둥이자리의 특성이 가려지지는 않습니다. 특정 별자리에 위치하고 있는 태양의 광채를 약화시킬 수 있는 것은 아무것도 없으며, 경계선상에 태어난 경우 생기는 약간의 변수조차도 태양별자리의 특성을 완전히 바꿀 만큼 강력하지는 않습니다. 당신이 태어난 시간이 경계선에 해당하는지 정확하게 확인하고, 그런 경우라면 약간은 참작하되 그 다음에는 그 사실을 잊어버려도 괜찮습니다.

출생차트란 무엇일까요? 출생차트란 당신이 태어나던 순간에 하늘에 있던 모든 행성들의 위치를 마치 사진을 찍듯이 정확한 수학 계산에 따라 재구성한 지도라고 이해하면 좋습니다. 발광체인 태양과 달을 비롯하여 여덟 개의 행성이 있으며, 당신이 태어나던 순간에 위치한 12개의 별자리와 10개의 별들이 서로 맺고 있는 각도 및 위치가 당신의 삶에 영향을 미치게 됩니다.

예를 들어 당신이 6월 9일에 태어났다면, 태양이 쌍둥이자리에 위치하므로 쌍둥이자리이며 쌍둥이자리 특성 열 가지 중 대략 여덟 가지를 띠게 될 것입니다. 하지만 감정을 주관하는 달이 양자리에 위치한다면 당신의 감정적인 태도는 양자리의 특성이 나타납니다. 지성을 주관하는 수성이 전갈자리에 있다면 당신의 지적 처리 과정은 종종 전갈자리 특성을 나타내며, 언행을 관장하는 화성이 황소자리에 있다면 당신은 황소자리처럼 느리게 말하는 경향이 있을 것입니다. 또한 금성이 염소자리에 있다면 사랑을 비롯한 예술적이고 창조적인 일에서 염소자리와 같은 태도를 보일 것입니다. 그러나 이런 모든 행성들의 위치로 인한 특성도 태양별자리인 쌍둥이자리의 기본적인 특성을 완전히 없앨 수는 없습니다. 다른 행성들의 위치는 당신이 지닌 복잡한 성격에서 나오는 다양한 모습을 다듬어 주는 역할을 할 뿐이랍니다.

당신을 완벽하게 이해하기 위해서는 다른 요소들도 고려해 보아야 합니다. 먼저 당신이 태어난 시간에 여덟 개의 행성과 두 개의 발광체인 태양과 달이 어떤 각도를 맺고 있는지 살펴보아야 합니다. 그 각도에 따라서 해당 별자리의 영향력이 결정됩니다. 하지만 가장 중요한 것은 당신의 동쪽별자리와 동쪽별자리가 태양과 달 그리고 다른 행성들과 맺고 있는 각도입니다. 동쪽별자리는 상승점ascendant 또는 일출점rising이라고도 하는데 당신이 태어난 순간 동쪽 지평선에 있던 별자리를 의미합니다. 동쪽별자리는 신체적인 겉모습에 상당한 영향을 미치고,(물론 태양별자리도 겉모습에 많은 영향을 줍니다.) 태양별자리가 표현하는 지향성의 토대가 되며 당신의 진정한 내면을 구성합니다. 예를 들어 쌍둥이자리인 당신의 동쪽별자리가 물병자리라면 당신은 상당 부분 물병자리 성향을 띠기 때문에, 쌍둥이자리 특성 중에서 당신에게 있을 법한 특이한 성격이나 은밀한 욕망이 잘 드러나지 않는 이유가 궁금해질 것입니다. 모든 출생차트에서 태양별자리 다음으로 중요한 두 가지 요소는 바로 동쪽별자리와 달별자리입니다.

동쪽별자리를 알고 나서 태양별자리와 함께 차트를 해석하면 매우 흥미로운 사실을 깨닫게 됩니다. 바로 자신의 전체적인 성격에 대해 놀라울 정도로 정확하게 설명할 수 있다는 사실입니다. 여기에 세 번째 요소인 달별자리까지 고려해서 해석하면 당신의 성격에 대해 훨씬 더 정교한 그림을 얻게 됩니다.

다음으로 각 영역의 별자리도 고려해야 합니다. 영역은 출생차트에서 수학적으로 계산된 위치로, 당신의 다양한 삶의 분야에 영향을 미칩니다. 모두 열두 개가 있으며 각 영역마다 하나의 별자리가 할당됩니다. 첫 번째 영역은 항상 동쪽별자리의 지배를 받고, 나머지 열한 개는 시계 반대 방향으로 순서대로 위치하면서 열두 별자리를 완성합니다. 천문해석가는 당신이 태어난 정확한 시간과 장소에 근거하여 출생차트를 뽑고, 열두 개 영역에 해당하는 각 별자리들의 의미를 해석하고, 또한 각 영역에 들어가 있는 행성들의 의미를 고려합니다. 앞서 설명한 모든 요소들을 섞어서 당신의 성격, 잠재력, 그리고 과거의 과오와 미래의 가능성을 분석하는 것이 바로 종합적인 천문해석 기술입니다. 이것이 바로 천문해석가들의 시간과 노력 그리고 지식이 필요한 부분입니다. 차트를 계산하는 것 자체는 특정 수학 공식만 적용하면 상대적으로 간단하게 끝나는 일입니다.(최근에는 태어난 날짜, 시간, 장소를 입력하면 간편하게 출생차트를 볼 수 있는 별자리 프로그램이 다양하게 개발되어 있습니다.-역자)

하지만 우리는 결국 이 책에서 주로 다루는 태양별자리 이야기로 돌아갈 수밖에 없습니다. 어떤 면에서는 당신이 쌍둥이자리라고 하는 것은 당신이 뉴욕 출신이라고 말하는 것과 같은 맥락이라고 할 수 있는데 이것이 지나친 일반화는 아니기 때문입니다. 당신의 별자리를 알아내는 일보다 뉴욕 어느 바에서 텍사스 출신을 찾거나 텍사스 어느 식당에서 뉴요커를 찾아내는 일이 더 쉽지 않을까요? 조지 왕조 시대*의 정치가와 시카고 산업

---

* 조지 왕조 시대(Georgian era, 1714~1830) : 조지1세~조지4세가 재위했던 영국의 중기와 후기 르네상스 시대.

시대의 사업가 사이에는 상당한 차이가 있지 않을까요? 당연히 매우 분명한 차이가 있습니다.

당신이 텍사스 출신이며 업무상 회의에 곧 참석할 어떤 사람에 대해 얘기하는 중이라고 가정해 봅시다. 누군가 "그 사람 뉴요커야."라고 말하면 즉각적으로 어떤 이미지가 떠오를 것입니다. 텍사스 사람보다는 말이 빠르고 짧을 것이며, 인간 관계에서도 텍사스 사람보다는 덜 따뜻할 것이고, 인사치레 없이 곧바로 사업 이야기로 들어갈 것입니다. 또한 서둘러 계약서에 서명하고 바로 동부로 날아가는 비행기에 몸을 실을지도 모릅니다. 섬세한 구석이 있을 것이고, 정치적인 면에서는 텍사스 사람보다 더 자유분방할 것입니다. 그렇다면 왜 이러한 순간적인 인상이 상당히 맞아떨어지는 것일까요? 왜냐하면 뉴욕 사람들은 빠르게 돌아가는 도시에 살고 있기 때문에 느리게 행동했다가는 지하철에서 자리도 못 잡고 비 오는 날 택시도 못 잡기 때문이지요. 어쩌면 계속해서 어깨나 팔꿈치를 문질러 대는 통에 품위 없어 보일 수도 있으며, 최신 연극도 보고 최고의 박물관에도 가 봤을 테니 당연히 취향이 세련될 것입니다. 높은 범죄율과 복잡한 도시 생활로 인해 텍사스 사람만큼 가까운 이웃들에게 따뜻한 관심을 가질 리가 없으니 그의 성격이 다소 냉랭할 거라고 추측할 수 있습니다.

물론 뉴요커 중에 느리게 말하는 황소자리도 있고 천천히 움직이는 염소자리도 있겠지만, 텍사스에 사는 황소자리나 염소자리처럼 느리지는 않을 것입니다. 그렇지 않을까요? 또는 아무리 빨리 말하고 행동하는 쌍둥이자리라 할지라도 텍사스에 사는 쌍둥이자리가 뉴욕에 사는 쌍둥이자리만큼 빠르지는 않을 것입니다. 모든 것이 상대적이랍니다.

자, 그럼 그 사람이 뉴욕에 산다고 칩시다. 그리고 이제 이탈리아 출신이라는 사실도 알아냈다고 가정해 봅시다. 다른 이미지가 그려집니다. 여기에 그가 텔레비전 방송작가라고 한다면 또다른 이미지가 떠오릅니다. 게다가 결혼했고 자녀가 여섯 명이라고 하면 이젠 완전히 새로운 그림이 나타납니다. 그러므로 (비록 이것이 유추이고 모든 유추가 불완전하기는 하지만) 그가 뉴요커라고 말하는 것은 그가 쌍둥이자리라고 말하는 것과 유사하고, 다른 정보들은 그의 달별자리가 처녀자리이고 동쪽별자리가 전갈자리라는 것과 상응합니다. 하지만 추가 정보 없이 그가 뉴욕에 산다는 사실 하나만으로도, 그가 어느 도시 출신인지 모를 때보다는 훨씬 나은 상황에 있는 것이지요. 같은 방식으로 출생차트 없이 어떤 사람이 쌍둥이자리인지 사자자리인지 아는 것만으로도 불같은 성격의 사수자리를 대하고 있는지 현실적인 황소자리를 대하고 있는지 전혀 모를 때보다는 그 사람에 대해 많은 정보를 갖고 있는 셈입니다.

상세한 출생차트는 사람의 성격에 대해 보다 자세한 내용을 명확하게 드러내 줍니다. 출생차트를 보면 그의 삶 속에 녹아 있는 약물 중독, 자유분방한 성행위, 불감증, 동성애, 일부다처제, 정서장애, 가족으로부터의 소외, 또는 가족에 대한 집착, 숨겨진 재능, 경력 또는 부자가 될 수 있는 잠재성 등에 대해 두드러진 경향을 알 수 있습니다. 또한 정직과 부정직, 잔인함, 폭력, 두려움, 공포와 정신적 능력에 대한 경향도 분명하게 보여 줍니다. 이와 더불어 인생의 시기에 따라 일시적으로 두드러지는 성향도 잘 보여 줍니다. 뿐만 아니라 사고나 질병에 대한 민감함이나 면역력도 나타나고, 알코올, 섹스,

일, 종교, 자녀, 로맨스 등에 대한 숨겨진 태도 또한 드러나는 등 그 리스트는 무궁무진합니다. 정확하게 계산된 출생차트에 비밀이란 있을 수 없습니다. 개인의 자유의지가 경험하고자 하는 본인의 결정을 제외하고는 말이지요.

그러나 이렇게 완벽하게 분석하지 않더라도 누구나 태양별자리에 대한 이해만으로도 얻는 지식이 있으며, 태양별자리에 대한 지식은 우리가 서로에게 보다 더 관대할 수 있도록 해 줍니다. 상대방의 태도가 인간의 본성에 얼마나 깊이 뿌리 내리고 있는지 이해하고 나면, 당신은 그들의 행동에 대해 보다 더 동정심을 느끼게 됩니다. 태양별자리를 알고 나면, 냉정하고 균형 잡힌 전갈자리 부모가 보기에 불안하고 안절부절못하는 쌍둥이자리 아이가 실제로는 민첩하고 영리한 아이라는 사실을 깨닫고 인내심을 갖게 됩니다. 외향적인 학생은 내성적인 교사를 이해하게 되며 외향적인 교사는 내성적인 학생을 이해하게 됩니다. 처녀자리가 모든 머리카락을 한 올 한 올 가지런히 정리해야 하고 문제들을 철저히 조사하며 해결하기 위해 태어났다는 점을 이해하면 그들의 까다로움도 참을 수 있게 됩니다. 너무 바빠서 감사할 이유를 찾지 못하고 어디로 가고 있는지 알아채지 못하며 남의 발을 밟고 서 있어도 알아차리지 못하는 사수자리의 경솔함은 말할 것도 없습니다. 사수자리가 어떤 희생을 치르더라도 진실을 말할 수밖에 없는 사람이라는 사실을 알게 되면 그들의 솔직함에 상처를 덜 받게 됩니다.

염소자리 친구가 당신이 건넨 선물에 일언반구의 감탄사도 내뱉지 않아도 당신은 심하게 상처받지 않을 것입니다. 염소자리는 마음속으로 깊이 고마워해도 그 기쁨을 공개적으로 표현할 줄 모르는 사람들이라는 것을 알고 있으니까요. 염소자리가 타인에게뿐 아니라 스스로에게도 엄격한 원칙을 들이대는 사람들이라는 것을 알면, 의무를 강조하는 그들의 고집 때문에 덜 속상해하게 됩니다. 천칭자리의 끝없는 논쟁과 우유부단함도 단지 공정하고 공평한 결정을 내리기 위해 애쓰는 그들 태양별자리의 특징이라는 것을 알고 나면 보다 더 참을 만합니다. 물병자리가 당신의 사생활을 캐려고 할 때도 그들이 인간의 내적 동기를 조사해 보고 싶은 충동을 주체할 수 없는 사람이라는 점을 떠올려 보면 그다지 무례하다는 생각은 들지 않을 것입니다.

아주 간혹, 태양별자리는 사자자리인데 행성 대여섯 개가 물고기자리인 사람도 있습니다. 물고기자리의 영향으로 인해 사자자리 특성이 매우 억제되므로 도무지 그의 태양별자리를 추측하기 어려울 수도 있습니다. 하지만 이런 경우는 아주 드물며, 당신이 열두 개 별자리 특성을 모두 잘 알고 있다면 그 사람은 자신의 진정한 본성을 영원히 감출 수 없을 것입니다. 물고기가 아무리 사자를 숨기려고 해도 사자자리 태양별자리는 절대로 완전하게 가려질 수 없으며, 당신은 그 사람이 부지불식간에 드러내는 사자자리 특성을 잡아 낼 수 있을 것입니다.

태양별자리를 파악하려고 할 때 표면만을 대충 보고 판단하는 실수를 절대로 범해서는 안 됩니다. 염소자리라고 해서 모두 온순한 것은 아니고, 사자자리라고 해서 모두 외견상으로 타인을 지배하려고 하지도 않을 뿐더러 처녀자리라고 해서 모두 처녀는 아닙니다. 가끔 예금 통장을 여러 개 가지고 있는 양자리도 있고, 조용한 쌍둥이자리도 있으며, 심지어 실용적인 물고기자리도 있습니다. 당신의 눈을 사로잡는 한두 가지 특징 그 이상을 보아야 합니다. 화려하게 치장한 염소자리가 사교계 명사들의 인명록을 힐끔거리는 순간을 포착해야 하고, 수줍은 사자자리가 자신의 허영심이 무시당했을 때 입을 삐죽거리는 모습도 볼 수 있어야 합니다. 드물게는 경박한 처녀자리가 단지 싸다는 이유만으로 살충제를 한 상자나 사는 장면도 목격하게 될 것입니다. 조용한 쌍둥이자리여서 말은 빠르지 않을 수 있지만 머리는 제트기 같은 속도로 회전하고 있을 수도 있고, 예외적으로 검소한 양자리라도 은행에 갈 때는 선홍색 코트를 입고 불친절한 은행원에게 말대꾸를 할 수도 있습니다. 그리고 아무리 실용적인 물고기자리라도 시를 쓰거나 추수감사절 때마다 여섯 명의 고아를 초대하기도 할 것입니다. 눈을 크게 뜨고 잘 보면 어떤 별자리도 자신을 온전히 감출 수 없습니다. 심지어 애완동물도 태양별자리의 특징을 여과 없이 보여 준답니다. 처녀자리 고양이의 밥그릇을 낯선 곳에 옮겨 놓거나 사자자리 강아지를 무시하는 일이 없기를 바랍니다.

유명 인사나 정치인, 문학 작품 속의 주인공들을 대

상으로 별자리를 맞혀 보는 것도 재미있습니다. 그들의 별자리가 무엇인지 추측해 보거나 그들이 어떤 별자리 특징을 대변하고 있는지 짐작해 보세요. 이런 작업을 통해 당신의 천문해석학적인 재치는 더욱 예리해질 것입니다. 만화책의 주인공들도 시도해 볼 만한 대상들입니다. 찰리 브라운은 분명히 천칭자리일 것이며, 루시의 경우에는 동쪽별자리는 양자리이고 달별자리는 처녀자리에 태양별자리가 사수자리일 확률이 높습니다. 스누피는 누가 봐도 물병자리 개입니다. 희한한 스카프를 두르는가 하면 제1차 세계대전 당시의 비행기 조종사 헬멧을 쓰고 개집 위에서 붉은 남작*에 대한 상상의 나래를 펼치고 있는 걸 보면 틀림없습니다.(또한 해왕성과 충돌 각도를 맺고 있을 것입니다.) 이런 식으로 직접 누군가의 별자리를 생각해 보면 그 재미가 제법 쏠쏠합니다. 하지만 이보다 더 중요한 것은 태양별자리 맞히기 게임을 할 때 매우 진지하고도 유용한 것을 배우게 된다는 점입니다. 사람

---

* 붉은 남작(Red Baron): 제1차 세계대전 당시 전투기 80여 대를 격추한 독일 공군의 에이스 리히트호펜(Richthofen, 1892~1918)의 닉네임이다.

들의 숨겨진 꿈과 비밀스러운 소망과 참된 성격을 어떻게 인식할 것이며, 그들을 좋아하는 법과 그들이 당신을 좋아하게 만드는 법 그리고 당신이 알고 있는 그들을 제대로 이해하는 법을 터득하게 될 것입니다. 당신이 그들 마음속에 숨어 있는 무지개를 찾아 나설 때, 세상이 더 행복해지고 사람들이 더 멋져 보이게 됩니다.

인생에서 가장 중요한 부분은 타인을 제대로 이해하는 것 아닐까요? 링컨 대통령이 이런 점에 대해 아주 간단하고 명백하게 말한 적이 있습니다.

"문명의 가장 중요한 기능은 서로 익숙하지 않은 사람들 사이에서 의도하지 않은 적대 관계로 인해 발생하는 크고 작은 인간의 사악함을, 국가적으로 또는 개인적으로 바로잡는 것이다."

지금 당장 태양별자리 공부를 시작하고 터득한 내용을 신중하게 적용해 보세요. 당신이 사람들 본연의 모습을 하나씩 벗겨 낼 때마다 사람들은 당신에게 어떻게 그런 새로운 통찰력이 생겼는지 궁금해할 것입니다. 실제로 열두 개 태양별자리를 이해하는 것만으로도 당신의 삶을 바꿀 수 있습니다. 당신은 지금 단 한 번도 마주친 적이 없는 미지의 사람들을 이해하기 위한 여정을 시작하려고 합니다. 하지만 머지않아 당신은 친구들은 물론이고 낯선 이들도 더 가깝게 느끼게 될 것입니다. 정말로 멋진 일 아닌가요?

당신을 알게 되어 행복합니다.

린다 굿맨

양자리

Aries, the Ram

3월 21일부터 4월 20일까지

지배행성 – **화성**

"너는 연습을 많이 하지 않았구나."
여왕이 말했다.

"나는 가끔 아침을 먹기 전에 불가능한 일을
여섯 가지나 믿기도 했단다."

양자리를 알아보는 방법

γ

그것은 다 친구들이 가르쳐 준 간단한 규칙을 잊어버려서 일어난 사고였다.
그러니까 벌겋게 달아오른 부지깽이를 너무 오래 들고 있으면 손을 덴다든지
날카로운 칼을 너무 가까이하면 손가락을 벤다든지 하는 사실들 말이다.

최근 들어 유난히 박력 있는 사람을 만난 적이 있나요?
악수할 때 아플 정도로 손을 꽉 움켜쥐는 사람, 하지만
상냥하고 환하게 웃는 사람말이에요. 지금 당장이라도
정글로 탐험올 떠날 것만 같은 사람, 이상하게도 대화의
주도권을 내주게 되는 사람을 만났다면 그 사람은 양자
리일 확률이 높습니다.

게다가 그 사람이 이상을 위해 몸 바칠 준비가 되어

있고, 약자들을 변호하는 데에 늘 앞장선다면 두말할 것 없이 양자리입니다. 양자리는 여성이건 남성이건 불의에 맞서고 자기 의견을 주장할 때는 한껏 목청을 높입니다. 이들의 대담함은 교통경찰관이든 무장한 강도든 상대를 가리지 않고 대적하는 부분에서도 빛을 발합니다. '후회여, 올 테면 와라! 이 순간 나는 한 점 두려움도 없다.' 바로 이런 심정입니다. 좀처럼 두려워하지 않는 이 화성인들은 자신이 원하는 바를 전혀 망설이지 않고 드러냅니다.

양자리는 열두 별자리 중에서 첫 번째 별자리입니다. 맨 마지막인 물고기자리가 죽음과 영혼의 별자리라면, 양자리는 탄생의 별자리입니다. 열두 별자리 중 유아기에 해당하는 양자리는 갓 태어난 신생아처럼 자기 자신에게 푹 빠져 있습니다. 그러니 본인의 욕구가 세상 무엇보다 중요한 것은 너무 당연한 일입니다. 양자리 아기는 부모나 이웃이 자든 말든 아랑곳하지 않습니다. 배고플 때나 오줌 쌌을 때나 일단 울어 제칩니다. 당장 우유병을 물려 줘야 하고, 기저귀도 보송보송한 새것으로 갈아 줘야 하니 당신은 잠시도 지체할 틈이 없습니다. 양자리는 불현듯 새로운 아이디어가 떠오르거나 무언가 털어놓고 싶은 일이 생기면, 새벽 4시에도 거리낌없이 전화를 걸어 올 것입니다. 당신은 내 말을 들어 줘야 하니 당연히 깨어 있어야 한다는 식이지요. 이들에게 다른 이유는 필요하지 않습니다. '내가 깨어 있으니까.'라는 것 하나면 충분합니다. 원하는 바가 있으면 반드시 얻어 내는 사람들이랍니다. 어린 아기처럼 양자리는 자기 자신과 연관되어 있는 세상에만 관심이 있습니다. 하지만 누가 이 어린 아기를 이기적이라고 비난할 수 있을까요? 자기를 만족시켜 주는 사람에게는 언제나 살인미소로 보답하는 이들을 거부하기란 쉬운 일이 아니지요. 자기가 사람들을 불편하게 하고 있다는 사실을 어린 아기가 전혀 인식하지 못하듯이 양자리도 마찬가지랍니다. 이들이 뿜어내는 천진난만함은 때때로 보이는 공격적인 모습조차도 잊게 만듭니다. 마치 아기가 이기적이라는 생각을 하기 힘든 것처럼 말입니다.

양자리는 너무나도 순진무구해서 두려움을 잘 느끼지 못합니다. 아기는 불에 데기 전까지 뜨거운 맛을 모릅니다. 하지만 불에 덴 이후에도 그 고통을 금세 잊고 또다시 뜨거운 것에 다가가지요. 양자리는 어른이 되어도 교활한 술수를 부리지 않습니다. 언제나 진심을 다해 믿고, 넘어지더라도 오뚝이처럼 다시 일어나 꿋꿋이 살아갑니다. 혹여 세상에 대해 비관적인 생각을 품다가도, 누군가 친절을 베풀면 곧바로 그런 생각을 버립니다. 마치 아기가 바늘에 찔려 울다가도 누군가 분을 발라 주는 순간 아팠단 사실을 까맣게 잊어버리는 것과 같습니다.

양자리는 미래에 대해 낙관적이며 황당무계한 꿈을 장황하게 늘어놓을 수 있지만 거짓말에는 몹시 서툽니다. 당신 눈앞에 보이는 모습이 전부지요. 숨겨진 것도 없고 복잡하게 분석해야 할 것도 없습니다. 하지만 어린 아기처럼 상처받기 쉬운 존재이고, 그런 의미에서 대책 없는 사람이기도 합니다. 별로 친하지 않은 낯선 사람이 그에게 무언가를 강요하거나 물건을 빼앗으려 한다면 어떻게 될까요? 아마 그는 자신이 아는 유일한 방법으로 대응할 것입니다. 소리 지르고 야단법석을 피워 상대방이 손발 들고 포기할 수밖에 없도록 만들지요. 복잡한 전략전술 따위는 없습니다. 하지만 그러는 것만으로도 원하는 것을 거의 다 얻을 수 있으니 이들에게 대책이 없다는 말은 틀린 표현인지도 모릅니다. 대책 없이 어릴 뿐 해결 방법이 아예 없는 것은 아니니까요.

겉모습으로 양자리를 알아보는 일은 아주 간단합니다. 양자리들은 이목구비가 뚜렷해서 생김새가 밋밋한 경우가 매우 드뭅니다. 특히 또렷한 눈썹이 콧대와 만나 T 자를 그리며 양자리 아이콘이기도 한 뿔의 형상(♈)을 한 이들이 많습니다. 이 뿔은 마치 자기를 방해하거나 정복하려는 우매한 자들에게 보내는 경고장 같다고나 할까요? 또한 대부분 머리나 얼굴에 눈에 띄는 점이나 흉터가 있고, 햇볕에 바랜 듯한 붉은 머리카락에 피부색이 짙은 것이 특징입니다. 양자리에게서는 사방팔방으로 뻗치는 생기가 느껴지기도 합니다. 이들의 몸놀림은 대체로 빠르고 과감하며, 정신적인 움직임도 마찬가지입니다. 남녀 모두 넓은 어깨를 자랑하고, 상체, 특히 머리를 앞으로 내밀고 걷는 경향이 있으며, 늘 서두르는 편입니다. 그렇게 머리를 내밀고 걷다가 벽에 종종 부딪히다 보니 뿔의 위쪽이 휘어 있는지도 모르지요. 사실 양자리가 우아해 보이는 경우는 매우 드물지만, 그런 순간이 있다면 이는 위기 상황을 능수하게 모면할 때입니다. 양자리를 과소평가하는 이들에게는 상당히 의외의 모습이지요. 양자리는 골격이 매우 곧고 튼튼해서 구부정한 자세를 가진 사람을 거의 찾아볼 수 없습니다. 이 당당한 자세는 자기중심적인 사고와 자신감에서 비롯됩니다. 만약 당신이 어깨가 처진 양자리를 보았다면 그 사람은 숫양이 아니라 새끼양 타입으로, 어린 시절 자존심에 심각한 상처를 입었을 것입니다. 상처가 깊다면 회복하는 데 시간은 좀 걸리겠지만, 언젠가는 반드시 위풍당당한 자세로 돌아올 것입니다. 정말이에요. 양자리는 세상 어떤 실패에도 영원히 낙담하고만 있지는 않으니까요.

화성이 지배하는 양자리는 상대방의 눈을 똑바로 쳐다보는 경향이 있습니다. 그 눈에는 정직과 믿음이 넘쳐흐르고 있어 당신은 감동 일보 직전입니다. 당신은 혹시 그 양자리의 친구 아닌가요? 그리고 그를 좋아하죠? 그렇지 않다고요? 그렇다면 그 양자리는 마음속으로 눈물을 흘리고 있을 것입니다. 하지만 웬만해서는 겉으로 눈물을 보이지 않습니다. 양자리들은 타인에게 약한 모습을 보이느니 차라리 죽는 것이 낫다고 생각하니까요.

실제로 약한 모습을 보이기 싫어서 죽음을 선택하는 경우도 있습니다. 이런 양자리가 흐느껴 운다면 마음에 이루 말할 수 없는 깊은 상처를 받은 거랍니다.

숫양처럼 당당한 양자리가 초조하게 실내를 두리번거리는 경우는 거의 없습니다. 만약 그런 모습을 보인다면 당신과 얘기하는 것이 더 이상 흥미가 없다는 뜻입니다. 이미 뭔가 다른 것에 마음을 빼앗긴 상태여서 앞에 앉아 있는 당신은 안중에도 없지요. 그렇다고 기분 나빠할 필요는 없습니다. 대신 이 사실을 기억하시면 됩니다. '갓 태어난 아기는 자기 발가락과 손가락에만 관심이 있다.'

양자리는 분명히 직장에서 우두머리 위치에 있거나 아니면 자기 사업을 할 것입니다. 만약 그렇지 않고 조직 내에서 누군가의 지시를 받는 입장이라면 매번 어깃장을 놓는 경우가 많습니다. 이들은 대체로 자유분방하고 시간이나 물질적인 면에서 너그립습니다. 행렬 맨 앞에서 요란스럽게 악기를 연주하려고 하는 사람도 양자리일 확률이 높습니다. 인내심이 부족한 이 사람들에게서 섬세함이나 기교 또는 겸손함 같은 것은 찾아보기 힘듭니다. 양자리들은 보통 그런 덕목들을 거들떠보지도 않습니다. 양자리가 뭔가 항의할 때는 정말 참신하기까지 합니다. 식당에서 먼저 나온 샌드위치는 신선한데 나중에 나온 샌드위치가 약간 상했다면 바로 종업원과 샌드위치에 대해 혹평을 하는 사람이니까요. 하지만 서비스가 만족스럽다고 느끼면 필요 이상으로 두둑한 팁을 두고 나오기도 한답니다.

양자리는 좋게 말하면 직설적입니다. 이 화성인은 남을 현혹시키거나 무언가 우회적으로 표현할 줄 모르는 사람들입니다. 투박한 솔직함과 유례를 찾기 힘든 정직함이 이들의 트레이드마크이지만, 그렇다고 언제나 최고의 신용도를 자랑하는 것은 아닙니다. 어떤 이들은 안정감이 극도로 부족해서 어린아이처럼 무책임하게 구는 경우가 있습니다. 성숙한 양자리도 새로운 관심사에 완전히 몰두하게 되면 빌린 돈 따위는 까맣게 잊어버린답니다. 언젠가는 흔쾌히 빌린 돈을 갚겠지만 문제는 그전에 당신 숨이 넘어갈지도 모른다는 것이죠.

양자리는 굳센 기상과 진취적인 정신으로 열정적으로 길을 개척해 가는 혈기왕성한 활동가입니다. 하지만 이들의 용감함에는 기이한 측면이 있습니다. 프랑켄슈타인 같은 괴물에게는 한 치의 두려움도 없이 맞서면서, 별로 대수롭지 않은 육체적 고통은 잘 참지 못합니다. 정의와 관련해서는 결코 비겁해지지 않지만, 육신을 아프게 하는 것이라면 사소한 일에도 어린아이처럼 호들갑을 떤답니다. 그러니 이들이 치과 의사를 싫어하는 것은 너무나 당연한 일이겠지요?

양자리는 살면서 성급한 행동으로 머리나 얼굴에 영광의 상처를 입는 경우가 많습니다. 무언가에 베이거나 화상을 입을 수도 있고, 콩팥과 관련된 질병으로 인하여 심각한 두통을 겪을 수도 있습니다. 양자리라면 마음을 단단히 먹고 치과에 정기적으로 가야 합니다. 시력에도 신경 쓰고 체중 조절에도 힘써야 합니다. 가벼운 질환이라도 코감기는 소홀하게 여기지 말아야 하고, 특히 술과는 거리를 두는 편이 현명할 것입니다. 술은 콩팥에 좋지 않을 뿐 아니라 불같은 화성인 기질과 만나면 폭발할 위험이 있지요. 3월 21일에서 4월 20일 사이에 태어난 이 양자리들은 무릎 통증이나 위장 장애, 전염병으로 고생하는 경우가 종종 있습니다. 양자리는 강한 체질을 다고났지만 스스로 몸을 혹사시켜서 고생하는 경우가 있습니다. 만약 양자리가 별 얘기도 없이 자리에 눕는다면 정말이지 심각하게 아픈 상태라고 생각해도 좋습니다. 하지만 이 양자리를 계속 누워 있게 하려면 수갑이 필요할지도 모릅니다. 보통 사람이라면 생사를 오갈 만한 고열에도 양자리는 살아남을 수 있습니다. 오히려 엉뚱한 장소에서 엉뚱한 사람들에게 양자리 특유의 고집을 부리다가 걸리는 화병이 문제입니다. 같은 열이라도 어떤 종류의 고열을 경계해야 하는지 아시겠지요? 불같이 급한 성격과 좌절감이 건강에 문제를 일으킨답니다. 양자리는 일이 지연되는 것을 못 견디기 때문에 급하게 서두르다가 병이 납니다. 하지만 병이 나면 그의 의식 속에는 전혀 다른 이야기가 진행됩니다. 병에 대해서만은 인내하고 신중해지려고 하기 때문에 성급하게 병원을 찾아가지는 않습니다. 그렇다고 전문가의 조언을 전혀 받아들이지 않는 것은 아닙니다. 한동안 의사를 멀리 하다가도 완전히 기력이 소진되거나 나이 들어 생각이 좀 바뀌면 병원에 찾아가기도 합니다. 이들이 약물에 중독될 가능성은 얼마나 될까요? 별로 없습니다. 양자리는 수면제 복

용조차 꺼립니다. 온전하게 깨어 있기를 바라기 때문입니다. 잠든 사이에 뭔가 재미있는 일을 놓칠까 봐 전전긍긍하는지도 모르죠.

양자리는 사자자리, 사수자리와 함께 불의 별자리입니다. 뜨거운 불이 지닌 강렬한 낙관주의 덕분에 우울이나 절망으로 인한 질환에는 잘 걸리지 않는 편입니다. 천문해석학에서 늘 주창하던 이 사실이 오늘날은 의학계에서도 새롭게 인식되고 있지요. 불의 별자리들은 고열, 감염, 뇌졸중, 고혈압 그리고 격렬한 통증이 수반되는 질병에 민감합니다. 양자리의 충동적인 행동에 대해 당신이 어떤 비판을 하더라도 이들은 좀처럼 의기소침해하지 않는답니다. 양자리 토양에서는 우울의 씨앗이 싹을 틔우지 못합니다. 하지만 양자리에게도 재앙이 찾아올 때가 있습니다. 자기보다 효율적으로 일할 수 있는 사람은 없다고 굳게 믿는 자신감에 금이 가기 시작하면 심각하게 우울한 상태가 되는 것이죠. 양자리는 자신감이 넘쳐 급하게 일을 진행하지만, 이것 때문에 궤양이 생기거나 신경쇠약에 이를 수도 있다는 사실은 잘 모릅니다. 그러니 게으르다는 이유로 양자리를 비난할 경우는 거의 없답니다.

　본성 자체가 악의 없고 순진무구한 양자리는 간교한 속임수나 전략을 쓸 줄 모릅니다. 제가 아는 양자리 친구 이야기를 해 드릴게요. 물론 불같은 열정을 지닌 친구지요. 어느 날 이 친구가 독창적인 사업 아이템을 구체화시키기 위해 투자 자문가를 고용했습니다. 이런저런 계약도 순조로이 마무리되어 가고, 이제 꿈을 실현할 일만 남아 있었어요. 그런데 투자 자문가가 사업체 관리는 전문가 손에 맡겨야 한다고 논리적으로 제안했습니다. 하지만 그 양자리 친구가 보기에 자기의 회사를 잘 운영할 수 있는 사람은 자기 말고는 없는데 다른 전문가라니요? 자기에게 지시를 내릴 다른 사람이 있다는 것은 생각만 해도 끔찍합니다. 양자리 친구는 이 두려움을 은밀히 감춘 채 시가 연기를 내뿜으며 이렇게 말했어요. 물론 특유의 양자리식 교양을 갖추기는 했지요. "어떻게 거절해 드릴까요? 빨리? 아니면 천천히?" 이후의 일은 물어보나마나입니다. 투자 자문가는 즉시 투자 계획을 철회했고, 이 불쌍한 양자리 친구는 곧 비즈니스의 총체적 몰락이라는 혹독한 대가를 치러야 했습니다.

그 절망스러운 몇 달 동안 친구는 이전 투자 자문가들에게 전화를 할 때마다 듣지도 보지도 못한 누군가와의 점심 약속으로 자리를 비웠다든가 유럽에 출장 중이라든가 하는 소리를 들어야 했습니다.

외교술이 조금만 더 매끄러웠어도 양자리의 꿈이 그토록 산산조각 나지는 않았을 것입니다. 전형적인 양자리가 외교술을 터득하기까지는 오랜 시간이 걸립니다. 인내에 인내를 거듭하고 노력에 노력을 더해서 정상에 힘겹게 도달한 사람들이, 경험도 미천하면서 자기들보다 더 많이 안다고 생각하는 양자리를 보면 당연히 화가 나겠죠. 양자리는 비참할 정도로 실패를 여러 번 겪은 뒤에야 비로소 겸손함을 터득합니다. 하지만 일단 겸손함을 배우고 나면 활화산이 되어 창조적인 아이디어를 쏟아 내고 프로젝트를 본능적으로 올바르게 이끌어 갈 수 있습니다. 양자리라고 낙하산으로 리더 자리를 거머쥘 수는 없습니다. 먼저 조직 내에서 상관을 존중하고 따르는 법을 터득한 다음에 능력을 발휘해 조직의 신뢰를 얻으며 리더 자리에 오르겠지요. 이것이야말로 양자리도 피해 갈 수 없는 세상사지만, 일단 그 궤도에 올라

서면 양자리가 얻게 될 성공은 상상을 초월합니다. 특이하게도 양자리는 자기 자신을 위해 부를 축적하기보다는 남들에게 부를 축적해 주는 경우가 더 많습니다. 양자리는 대다수가 집을 소유하기보다는 월세로 살아갑니다. 금전적으로 넉넉하지 않아도 화성의 정신은 꺾이지 않나 봅니다. 아마도 양자리가 추구하는 바가 단지 돈 자체는 아니기 때문이겠죠.

비록 양자리가 늘 자신 있게 일을 밀어붙이고 다른 사람들이 어떻게 느끼는지에 대해서 거의 신경 쓰지 않으며 특히 젊을 때는 '누구보다 내가 우선'이라는 생각으로 살아가기는 하지만, 어쩌면 열두 가지 별자리 중 가장 따뜻하고 관대한 별자리가 될 수도 있습니다. 양자리는 무자비하지 않습니다. 단지 뭐든지 자신이 어느 누구보다도 잘할 수 있다고 믿을 뿐이며, 남들이 실수하는 것을 심리적으로 견디지 못할 뿐입니다. 양자리에게 돈과 명예 중에 하나를 선택하라면 언제라도 명예를 택할 것입니다. 양자리도 보통 사람들처럼 돈을 좋아하지만, 칭찬과 명성을 아주 조금 더 좋아합니다. 양자리는 상관의 승인을 받지 않고 독단적으로 결정을 내리는 경향이 있습니다. 연설을 할 때는 풍자와 독설이 넘칩니다. 느닷없이 맹렬하게 화를 냈다가도 상대방이 그 이유를 미처 파악하기도 전에 다시 어린아이 같은 순진무구한 표정으로 돌아오곤 합니다. 이쯤 되면 충동적인 행동으로 유명했던 니키타 흐루시초프*가 떠오릅니다. 그는 전세계 시청자들이 지켜보고 있는 유엔 공식석상에서 유치하게도 신발로 책상을 내려친 적이 있습니다. 그가 무시당했기 때문이었는데, 양자리가 무시당할 때는 기교든 뭐든 다 필요 없지요. 이 양자리 인사는 후일 디즈니랜드 매직쇼를 볼 기회를 놓치는 바람에 가슴을 치며 속상해했다고 합니다.

화성의 지배를 받는 양자리는 종종 불같은 성미 때문에 비난을 받습니다. 하지만 동시에 그 화를 유지하는 소질이 너무나 부족해서 화내고 돌아서는 순간에 그 이유조차 잊어버리곤 한답니다. 양자리가 아무 뜻 없이 경솔하게 내뱉은 말을 당신이 아직도 기억하고 있다는 사

---

* 니키타 흐루시초프(Nikita Khrushchev, 1894~1971): 전 소비에트 연방 국가원수 겸 공산당 서기장.

실을 알게 되면 양자리는 화들짝 놀랄 것이며 심지어 상처받을지도 모릅니다. 기회가 주어진다면 양자리는 자기가 감정에 휩쓸려 죽일 듯이 덤벼들었던 적에게도 사과할 것입니다. 그들이야 늘 '인정할 것은 인정한다'라는 생각에서 선하게 행동하지만, 아쉽게도 의도와 달리 거부 반응을 일으키기도 합니다. 양자리가 개인에게 화를 내는 경우는 매우 드뭅니다. 당신에게 불똥이 튈 수도 있지만, 실제로 그 불길은 당신이 아니라 견디기 힘든 생각이나 상황을 겨냥한 경우가 많습니다.

양자리는 본인을 내세우기 위해서 혹은 이상적 대의를 위해서 선의의 거짓말을 할 때도 있습니다. 하지만 대개는 거짓말을 할 필요가 없습니다. 참으로 다행이지요. 어차피 매번 들통 나 버리거든요. 보다 신속하게 일을 처리하고 빨리 결론에 도달하는 것에 온통 관심이 쏠려 있는 양자리에게 거짓말을 궁리할 시간이 어디 있겠습니까? 투박하고 솔직한 이들은 진실을 더 좋아할 수밖에 없습니다. 양자리는 잡담하면서 시간을 보내지 않습니다. 특히 남들에 대해 이러쿵저러쿵 얘기하지 않는 편입니다. 남들의 숨겨진 비밀이나 내면의 동기를 추측하

느라 시간을 낭비하는 일은 참으로 이해할 수 없는 행동이지요. 게다가 양자리에게 사람들은 흑 아니면 백입니다. 중간의 어정쩡한 회색은 눈에 들어오지 않는답니다. 하지만 편견이 많다는 뜻은 아니니 오해하지 말기 바랍니다. 어떤 양자리가 출생차트 상 다른 행성들과 어려운 관계를 맺고 있다면, 그 양자리는 잔인함이나 편견의 형태로 다른 사람들을 무시하는 경향을 보일 것입니다. 하지만 이런 경우는 극히 드뭅니다. 전형적인 양자리는 상대방이 노숙자든 대통령이든 상관하지 않습니다. 모두를 똑같이 편하게 대하고 진심으로 한 밥상에서 함께 밥을 먹는 그런 사람입니다. 그런데도 양자리는 사람을 편애한다는 오해를 받습니다. 늘 사람들을 친구 아니면 적, 두 부류로만 나누려고 하기 때문입니다. 그리고 자기 친구들도 자기와 같은 기준으로 사람들을 분류하기를 바랄 것입니다.

지나치게 솔직해서 종종 사람들을 당황시키지만, 때로 양자리는 우아한 사교 모임의 주인공이 될 수도 있습니다. 양자리는 전혀 모르는 분야에 대해서도 몇 시간이고 즐겁게 사람들과 대화를 나눌 수 있습니다.

화성의 공격적인 성향을 은폐하기 위해 표면적으로 위장을 하는 것이죠. 양자리는 세부 사항을 거론하는 데에는 취약합니다. 그래서 통계수치를 언급해야 할 때만은 남에게 미루는 편입니다. 실제로도 양자리 말고 다른 사람들이 훨씬 더 효율적으로 그런 일들을 해낼 수 있기 때문에, 매우 현명한 처사입니다. 양자리는 한 가지 주제에만 집중해서 이야기하는 것을 몹시 지루해하고, 어제의 교훈이나 내일의 걱정 따위는 신경 쓰지 않습니다. 양자리는 늘 오늘을 살아가지요. 지금 바로 이 순간이 중요하기 때문에, 현재를 뜨겁게 불태우고 싶어합니다.

현실적이면서도 이상주의 색채가 강한 양자리의 정서는 한 마디로 묘사하기 어렵습니다. 누구보다도 거칠고 단호한 태도를 지녔지만, 또 양자리만큼 감상적이고 순수를 동경하며 기적을 믿는 사람은 드뭅니다. 화성인들은 패배를 인정하는 것이 말 그대로 불가능한 사람들입니다. 패배가 코앞에 다가와도 인식하지 못하는 경우가 많습니다. 연애든 야구 경기든 부정적인 결과를 생각하지 못하는 고질병이 있답니다. 하지만 이는 전사의 기질에 잘 부합하지요. 접근전에 능한 양자리 전사들은 주로 머리, 즉 지력을 쓰는 싸움에 두각을 나타냅니다. 도전을 즐기듯이 대립 또한 즐기며, 장애물을 찾으러 길을 나서고, 저 멀리 장애물이 보이면 한달음에 달려가 제거해 버립니다. 이들은 가만히 앉아서 성공이 제 발로 굴러들어오기를 기다리지 않지요. 그래서일까요? 언제나 성공을 향해 맹렬하게 질주하기 때문인지 이들이 생활 보호 대상자가 되는 경우는 좀처럼 없답니다.

대부분의 사람들은 양자리의 넘치는 에너지를 떠올리기만 해도 지칩니다. 하지만 양자리도 마음만 먹으면 침착하고 현명하고 진지해질 수 있답니다. 단, 젊은 시절이 가고 성숙의 계절에 이르러, 무분별한 이상주의와 성급함이 한풀 꺾인 뒤에야 비로소 마음을 먹게 된다는 아쉬움이 있기는 합니다. 양자리는 쉽게 대중의 연민을 불러일으키기는 하지만 그렇다고 해서 훌륭한 정치가가 될 수 있다는 의미는 아닙니다. 토머스 제퍼슨*과 유진 매

---

* 토머스 제퍼슨(Thomas Jefferson, 1743~1826): 미국의 정치가 · 교육자 · 철학자. 독립선언문의 기초위원이었으며, 제3대 대통령을 지냈다.

카시*는 아주 드문 예에 속합니다. 지금까지 정치판에 뛰어들었던 양자리들은 대부분 정치 인생을 비교적 짧게 마감하거나 고초를 겪는 경우가 많았습니다. 미국에서는 1840년 존 타일러** 대통령 이후로 한 번도 양자리 대통령이 배출되지 않았습니다. 일반적으로 정치는 양자리에게 너무나 어려운 분야입니다. 무엇보다 양자리는 훌륭한 경제 전문가가 아니고, 또한 충동적으로 말하면서 변명의 여지를 남기지 않습니다. 이 두 가지 모두 정치인에게는 치명적인 약점이지요. 대부분의 정치인들은 자신의 입장을 표명하기 전에 대중의 요구를 정확히 포착할 때까지 기다립니다. 하지만 일반적인 양자리는 사람들에게 무엇이 필요한지 본인이 먼저 판단하고, 사람들이 실제로 무엇을 원하는지는 신경 쓰지 않습니다. 정치적인 합의를 이끌어 내기보다는 본인의 생각을 밀어붙이는 것이 더 빠른 길이라고 생각합니다. 그렇지만 이상주의 성향 덕분에 대중에게 꿈을 불어넣어 주고 그들 스스로 믿

---

* 유진 매카시(Eugene McCarthy, 1916~2005): 미국의 정치인. 1960년대 말 베트남전쟁에 대한 미국민의 반대 여론을 모으는 데 큰 역할을 했다.

** 존 타일러(John Tyler, 1790~1862): 미국의 제10대 대통령.

게 만드는 능력도 있답니다. 화성인들의 이런 신선한 솔직함은 케케묵은 밀실정치 분위기를 산들바람처럼 시원하게 날려 버릴 수 있겠죠.

하지만 양자리는 주로 사업이나 창조적인 예술 분야를 선호하고, 바로 이런 영역에서 양자리들을 절실히 필요로 합니다. 전략기획 분야에서도 양자리는 빛을 발합니다. 효율성을 중요시하는 조직에는 침착하고 실용적인 지성을 지닌 사람이 더 어울리겠지만, 양자리의 대담한 행동과 열정 그리고 창의성이 없다면 아무리 훌륭한 프로젝트라 하더라도 속도를 내지 못하고 추락해 버릴 것입니다.

수줍음을 타는 양자리도 있을까요? 그럼요. 드물게 있습니다. 하지만 자기 입장이 불분명한 양자리는 찾아볼 수 없답니다. 양자리와 함께 있으면 당신은 개성을 표현하기가 어렵습니다. 양자리는 그 어떤 이야기보다도 본인과 본인 계획에 대한 이야기를 할 때 훨씬 더 행복해합니다.(남몰래 사랑에 빠진 대상에 대한 이야기는 예외입니다.) 일단 운이 좋아서 양자리의 관심을 얻고 나면 그는 당신의 말을 귀 기울여 들어 줄 것이며, 특히 이야기가 흥미진진하고 혁신적이라면 더더욱 그럴 것입니다. 당신을 최고 지위까지 승진시키고 자신의 시간과 돈, 지지와 충성을 모두 바칠 것입니다. 당신이 병원에 입원하게 되면 안부전화는 잊어버릴지언정 당신에게 자기가 잘 아는 의사를 소개해 주는 일은 결코 잊지 않습니다. 물론 파스퇴르 박사보다도 훌륭한 의사겠지요. 일단 당신을 돕는 일에 발을 들이고 나면 양자리는 한 치의 망설임도 없이 더 도울 일이 없는지 찾아 헤맵니다. 하지만 이때 잊지 말아야 할 것이 있습니다. 반드시 그에게 고마움을 표시해야 합니다. 양자리는 상대방이 필요로 하는 것 이상으로 친절을 베풀었을 때 상대가 고맙다는 반응이 없으면, 차마 노골적으로 화를 내지는 못하지만 마음 깊이 상처를 받습니다. 양자리는 남에게 호의를 베푸는 것을 좋아합니다. 선행의 규모가 크면 클수록 좋습니다. 하지만 자기의 호의에 감사를 표하지 않는 사람에게는 두 번 다시 선행을 베풀지 않을 것입니다. 양자리의 이타성은 타인에 대한 무한한 신뢰가 전제되었을 때 빛을 발합니다. 문제는 이 무한한 신뢰가 너무도 순진무구해서 환상이 깨지듯 신뢰를 거두는 경우가 종종 있다는 것입니다. 그래서 매번 사람들에게 환멸을 느끼며 또 누군가가 자기를 실망시켰다고 불평하게 되는 것이죠. 물론 실망한 상태가 오래 가지는 않습니다. 잠깐 우울해하고는 곧 툭툭 털어 내고 다시 앞으로 나아갈 테니까요.

양자리가 자신이 무언가 잘못 알고 있었다고 아무렇지도 않게 말할 때 사람들은 깜짝 놀라게 됩니다. 그 뻔뻔함과 순진함은 아무도 흉내 낼 수 없을 듯합니다. 당신이 그런 양자리를 정직하지 못하다고 비난하면, 그는 감히 어떻게 자기를 의심할 수 있느냐는 눈빛으로 당신을 쳐다볼 것입니다. 양자리는 자신이 믿고 싶지 않은 것은 듣지도 보지도 않습니다. 심지어 자신이 위험에 처하더라도 열렬한 신념을 가지고 한없이 진지하게 대의명분을 위해 맞설 것입니다. 하지만 양자리는 확고부동하던 생각도 순식간에 바꿀 수 있습니다. 그리고 일단 생각을 바꾸고 나면 그 이전으로 돌아가기란 불가능합니다. 아니, 이전의 생각은 아예 기억조차 못할지도 모릅니다. 과거는 쓰레기통에 던져 버리고 앞을 향해 전속력으로 돌진하려는 강렬한 충동을 지니고 있는 양자리에게 조목조목 근거를 묻고 따지는 사람들은 앞길을 방해하는 훼방꾼으로 보일 뿐입니다. 일단 장애물로 인식하면 양자리는 물불을 가리지 않습니다. 모든 말과 결정에 앞서 깊이 생각하는 신중론자들은 양자리를 정말 미치게 만듭니다. 이런 경우에 양자리는 짜증과 절망을 아주 명확하고도 강력하게 표현합니다. 그러니 양자리가 연륜 있는 사람들에게 공공의 적으로 찍히는 것은 당연한지도 모릅니다.

양자리는 무언가를 순수하게 동경하는 본성을 지니고 있습니다. 여기에 타고난 반골 기질이 더해져서 활기 넘치고 순도 높은 신념을 가지게 되지요. 양자리의 뿔은 다이아몬드처럼 단단해서 부러뜨리기 어렵습니다.

양자리는 종종 급진적인 생각에 매료되지만 그렇지 않을 때는 데이지 꽃처럼 유순하고 친절한 사람으로 살아갑니다. 양자리를 상징하는 금속인 강철은 잘 휘지 않는 성질을 가지고 있습니다. 그래서인지 양자리의 목숨은 남들보다 아홉 배나 질깁니다. 전쟁에서 이길 수 있는 기회가 남들보다 아홉 배 많다는 의미지요. 양자리의 영혼을 불태우는 열정은 종종 횃불이 되어, 그의 위대한 이상주의를 알아보고 따르는 사람들을 북돋워 주고 이끌어 줍니다.

양자리는 사람들을 이끌고 불가능한 목표를 향해 나아가는 개척자입니다. 양자리의 강철 같은 신념은 위선이나 탐욕에 물들지 않은 순수 그 자체라고 할 수 있지요. 양자리가 부를 축적하는 경우는 드물지만, 혹시 그렇다 해도 번 돈을 세어 볼 여유조차 없을 정도로 바쁩답니다. 그러니 다른 사람들은 양자리의 돈, 물건, 시간을 마음껏 가져다 쓸 수 있습니다. 양자리는 항상 어느 정도의 여유가 있습니다. 아무리 일시적으로 스트레스를 받거나 가난할지라도 이 여유는 사라지지 않습니다. 양자리는 남에게 베푸는 일이 자아를 만족시켜 주고, 더 큰 보답을 줄 뿐만 아니라, 사람들을 행복하게 한다는 것을 알고 있습니다. 바로 양자리가 인생을 가장 즐기는 대목이지요. 그래서인지 양자리 주위에 기적은 흔하고도 흔한 것입니다. 당신에게 아무것도 남지 않았을 때 양자리는 용감하고 희망찬 꿈으로 당신을 채워 줄 것입니다.

양자리로 알려진 유명인

딘 애치슨Dean Acheson

베티 데이비스Bette Davis

일카 체이스Ilka Chase

줄리 크리스티Julie Christie

토머스 듀이Thomas Dewey

*엠마 왓슨Emma Watson

*로버트 다우니 주니어Robert Downey Jr.

*공효진

*엄태웅

*조영남

말런 브랜도Marlon Brando

오토 비스마르크Otto Bismarck

조앤 크로퍼드Joan Crawford

찰리 채플린Charles Chaplin

엘턴 존Elton John

*한스 안데르센Hans Andersen

*김태희

*이준기

*황영조

※원서의 내용을 보충하기 위해 역자가 추가로 찾아 넣은 인물
들은 이름 앞에 *를 붙였습니다.

양자리 남성

♈

그가 말하기를,
"나는 내 길을 갈 거야.
가다가 시냇물을 만나면
불을 놓을 거야…"

"어떤 경우든 정원으로 나갈 수 있어.
그럴 수만 있다면 어떤 일이 생겨도 괜찮아!"

당신과 다정하게 전화 통화를 하고 있는 저 생명체의 정체는 도대체 뭘까요? 인간 발전기? 타오르는 횃불? 새? 폭탄? 그것도 아니라면 혹시 슈퍼맨? 이 모든 것이 실제로 양자리 남성의 이미지랍니다. 당신이 어떤 사랑을 원하는지 스스로 잘 알고 선택했기를 바랍니다. 당신이 자극적인 사랑을 추구하는 여인이라면 큐피드가 사람을 제대로 찾았네요. 양자리 남성이야말로 짜릿함 그 자체를 얼마든지 제공해 줄 테니까요. 하지만 당신이 찾고 있는 것이 서로 위로를 주고받는 안정적인 사랑이라면 상대를 잘못 골랐는지도 모릅니다.

양자리 남성은 순식간에 불같은 열정을 바치다가도 바로 다음 순간 얼음장처럼 차가워질 수도 있는 사람이랍니다. 그를 모욕하거나 그의 관심을 더 이상 끌지 못한다면, 양자리 남성의 열렬하고 충동적인 화성인 기질은 바로 얼어붙어 버리고 말지요. 이 얼어붙은 정열을 다시 불타게 하려면 1막 1장부터 다시 시작해야 한답니다.

양자리 남성은 독창적인 아이디어와 창조적인 에너지로 넘쳐납니다. 그에게 보조를 맞추기란 피곤하기 짝이 없는 일이지만, 마음만이라도 그렇게 하는 편이 낫습니다. 이들은 달팽이처럼 느린 친구는 뒤에 남겨 놓고 절대로 돌아보지 않는답니다. 이팔청춘보다 더 젊어 보이는 이들은 언제나 팔팔하게 행동할 것입니다. 정말 유쾌한 일이기는 하지만 정신적·정서적 태도에도 영향을 미치는 이 생기는 나이 들어 다른 사람들보다 늦게 철들 때까지 계속된답니다. 양자리 남성은 빈둥거리는 것을 싫어하고 대담한데다 자신감이 넘쳐서 언제나 남들보다 앞서 있습니다. 가끔은 자기의 현실보다도 앞서 있어서 문제이기도 하지요. 이들은 아량이 넓은 사람들인지라 낯선 이들에게도 기꺼이 자기 물건은 물론 시간과 돈, 마음까지 준답니다. 하지만 자기가 원하는 바대로 잘 이루어지지 않거나 부정적인 사람들에게 둘러싸여 뭔가를 강요받는 상황이라면 이야기는 달라집니다. 사람들을 분통 터지게 할 만큼 참을성이 없어지고 생각도 따라서 없어져 버립니다. 남아 있는 것이라고는 이기심과 끝없는 불평뿐이지요.

사랑할 때 양자리 남성은 놀라울 정도로 과감합니다. 사랑에 온몸을 내던지며 로미오와 줄리엣에 버금가는 유일무이하고도 완벽한 사랑을 하고 있다고 확신합니다. 그래서 사랑이 깨지면 그 조각들을 주워 모아 어떻게 해서든 복원하려고 고군분투합니다. 그래도 회복이 불가능한 사랑이라면 새로운 줄리엣을 찾아내서 다시 연애를 시작합니다. 마치 이번 사랑도 첫사랑인 양 또다시 모든 정열을 쏟아 부을 것입니다. 양자리는 아무리 여러 번 사랑에 실패하더라도 진정한 사랑이나 영혼의 짝을 찾을 수 있다는 꿈은 절대로 포기하지 않습니다. 양자리 남성은 (전갈자리 여성을 제외한) 모든 여성의 기대를 채워 줄 만한 정열을 보유하고 있습니다. 더이상 바랄 것이 없지요. 양자리 남성은 몹시 이상적이고 감정에 민감해서 두 사람 사이에 생기는 모든 설렘과 탄식, 황홀 그리고 아름다움을 포착해 낼 것입니다. 양자리 남성에게 적당히 하는 것은 불가능하답니다. 사랑이 불타오르는 순간 모든 것을 내던지는 스타일이니까요.

때로는 좀 조용하다 싶은 양자리 남성을 만날 수도 있습니다. 하지만 속지 마세요. 그 사람 역시 화성의 지배를 받는답니다. 그 사람은 별로 열정적이지도 않고 밀어붙이지도 않는다고요? 제가 아는 양자리 남성 중에도 그런 사람이 있습니다. 하지만 일단 제 말을 믿고 그 사람의 머릿속을 들여다본다면, 뇌가 얼마나 빠른 속도로 회전하고 있는지 알게 될 것입니다. 얼핏 봐서 특유의 추진력이 느껴지지 않는 양자리 남성을 만나면 요즘 하는 일의 진행 상황이 어떤지 물어보시기 바랍니다. 아마 양자리 남성이 틀림없다는 확신이 들 것입니다. 그 사람의 옛 여자친구에게 물어보아도 좋습니다. 아마 그 여인은 깔깔거리며 이렇게 말할 것입니다. "그 사람이 수줍음을 많이 탄다고요? 딴 사람 얘기하는 거 아니에요?"
시간이 좀 지나면 알게 될 것입니다. 그 사람의 차분한
태도는 불타는 열정과 터프한 사업적 기질을 숨기기 위
한 가면이라는 것을요. 물론 이런 가면을 쓴 양자리보다
는, 초콜릿 파이에서부터 오토바이 여행에 이르기까지
자기가 세상 모든 것에 대해 얼마나 열정적인지 여과 없
이 밝히는 솔직하고 단순한 양자리와 사랑을 하는 쪽이
훨씬 편하겠지요.

양자리가 진정으로 사랑을 지키고자 할 때는 어떨
까요? 이들은 어떤 별자리보다도 고지식하리만큼 신뢰
를 지킨답니다. 다른 사람들의 충고에도 귀 한 번 기울
이는 일 없이 온 마음을 바쳐 사랑합니다. 당신을 만나
면서 다른 사람에게 눈길을 주거나 추파를 던지는 행동
따위는 하지 않는답니다. 양자리 남성은 동화 같은 사랑
을 꿈꿉니다. 동화에서는 절대로 사랑과 섹스에 대해 가
볍게 얘기하지 않지요. 당신을 만나기 전 여자친구들은
그저 과거일 뿐입니다. 실제로 제가 알던 어떤 양자리
남성은 지난 일을 얘기할 때 늘 "그건 우리가 만나기 전
일이고……."라고 말하곤 했습니다.

물론 양자리 남성이 나중에 변할 수 있다는 가능성에 대해서는 경계를 늦추지 않아야 합니다. 양자리 남성은 지금의 헌신과 사랑의 맹세에 대해 한 치의 거짓도 없이 성실한 만큼 사랑 자체에 대한 열망이 너무나 강하답니다. 그래서 양자리 남성의 환상을 지속적으로 만족시켜 주지 않으면 이내 딴 곳을 바라볼 수도 있습니다. 당신이 동화 같은 사랑의 환상을 없애 버리는 그 순간, 양자리 남성은 새로운 공주님을 찾아 나설 것입니다. 말하자면 콧물 닦을 티슈를 들고 다니는 여인과 놀이공원에 함께 가는 것은 양자리 남성의 동화 같은 사랑에 어울리지 않습니다. 그러니 매니큐어를 칠하거나 치아 미백을 하는 장면, 알루미늄 포일을 주렁주렁 매달고 머리카락을 염색하거나 햇볕에 탄 피부 껍질을 벗겨 내는 장면, 또는 엄마와 전화 통화를 하면서 몇 시간이고 싸우는 장면은 절대로 보여 주어서는 안 됩니다. 양자리 남성이 느끼기에 이런 것들은 동화 속 공주님이 하는 행동이 아니기 때문이지요. 줄리엣이 발을 탁자 위에 올려놓고 앉아 있다거나 풍선껌을 짝짝 씹으면서 텔레비전 보는 모습이 그려지나요? 양자리 남성 앞에 있을 때는 향수를 뿌리고, 그가 없을 때에나 친구들과 수다를 떨기 바랍니다. 양자리 남성이 백마 탄 왕자가 되어 잠들어 있는 당신에게 키스하려 합니다. 그런데 당신이 코를 드르렁거리면서 자고 있거나 그만 잠 좀 자자면서 귀찮아한다면 어떨까요? 잠자는 숲 속의 공주라면 그렇게 하지 않을 것입니다. 매일 아침 꿈에서 깨어나 이슬 맺힌 초롱초롱한 눈으로, 꿈에 그리던 왕자님을 코앞에서 보고 있다는 사실이 너무 행복하다는 듯이 아침 인사를 할 수 있어야 합니다.

여자친구가 낭만적인 사랑을 무시하면 양자리 남성은 일단 마음에 상처를 받습니다. 그 다음에는 화가 나지요. 그 다음에는 코를 골지 않는 동화 속 공주님을 찾아 나섭니다. 양자리 남성의 입장에서 이것은 부도덕한 행동이 아닙니다. 자신이 약속을 깬 것이 아니라 당신이 약속을 깼다고 생각합니다. 당신을 달빛 속에서 노래하는 사랑스러운 종달새라고 생각하게 만든 장본인이 바로 당신이니까요. 그런데 알고 봤더니 당신은 사랑스러운 작은 새가 아니라 미치광이 수다쟁이에다가 잔소리꾼으로 밝혀졌지요. 당신의 손을 잡을 때마다 천사들의 합창이 들려오고 아름다운 종소리가 들려오던 환상이 깨지기 시작한 것입니다. 이틀 연속으로 자정 넘어 귀가했다고 소리를 고래고래 질러 대는 당신을 보고 있으면 어떻게 천사들의 합창소리가 들리겠습니까? 그리고 어떻게 당신이 그의 행동에 대해 이래라저래라할 수 있단 말입니까? 결혼은 감옥이 아니며 당신은 간수가 아니라는 것이 양자리 남성의 생각입니다.

양자리 남성을 행복하게 해 주는 일은 어렵지 않아요. 매일 아침, 잠에서 깨어나면 그윽한 눈빛으로 양자리 남성을 쳐다보기만 하면 된답니다. 그러면 양자리 남성은 평생토록 지구상에 있는 그 어떤 여성에게도 눈길 한 번 주지 않고 당신 곁에서 행복하게 살 수 있습니다. 양자리 남성이 두 명 이상의 여성과 동시에 사랑에 빠질 확률은 거의 없습니다.(출생차트 상 동쪽 지평선에 쌍둥이자리가 있거나 금성의 기능이 저하된 경우에는 예외일 수 있습니다.) 그런 행동은 양자리 남성이 지니고 있는 세상에 유일한 사랑, 순도 높은 진정한 사랑의 이미지에 부합되지 않지요. 새로운 사람을 만나 관계가 깊어지기 전에 과거의 사랑과는 결별할 것입니다. 양자리의 사랑이 식어 갈 때 그 조짐을 알아챌 기회가 여러 번 옵니다. 양자리 남성은 있지도 않은 열정을 가식적으로 표현하지 못합니다. 그러니 심각한 배신은 할 수 없는 사람이지요. 게다가 이제 당신은 양자리 남성이 꿈꾸는 동화 같은 사랑을 지켜 낼 묘안을 알게 되었으니 안심하셔도 됩니다.

그럼, 양자리 남성을 사로잡으려면 어떻게 해야 할까요? 너무 따분해 보여도 안 되고, 너무 소극적이거나 소심해 보여도 안 됩니다. 양자리 남성을 사로잡기 위해서는 그레이스 켈리*처럼 우아하고, 우르술라 안드레스**처럼 섹시해야 하며, 마리 드레슬러***처럼 재미있고, 퀴리 부인처럼 총명해야 하고, 빅토리아 여왕처럼 근엄해야 합니다. 여기다가 클레어 부스 루스****처럼 글도 잘 쓴

---

  * 그레이스 켈리(Grace Kelly, 1929~1982): 모나코 왕비가 된 미국의 영화배우. 할리우드 역사상 가장 우아한 여배우로 꼽힌다.
 ** 우르술라 안드레스(Ursula Andress, 1936~): 스위스 출신의 영화배우로 첩보영화 007시리즈에서 최초이 본드걸로 등장했다.「플레이보이」지가 선정한 100대 섹시 무비 스타에도 뽑힌 바 있다.
*** 마리 드레슬러(Marie Dressler, 1868~1934): 캐나다 출신 영화배우. 코믹한 캐릭터로 유명하다.
**** 클레어 부스 루스(Clare Boothe Luce, 1903~1987): 미국의 극작가이자 미국의회 의원.

다면 더할 나위 없겠지요. 어떤 한 가지 타입의 이미지만으로는 양자리 남성의 이상형을 만족시킬 수 없답니다. 양자리 남성에게 당신이 세상의 어떤 여성보다도 매력적이라는 것을 설득하기는 매우 어려운 일이지만, 그렇게 할 수만 있다면 양자리 남성은 평생 당신만 쳐다보면서 살 것입니다. 한번 시도해 볼 만한 일입니다. 일단 사랑에 빠지면 물불을 가리지 않는 양자리 남성은 사랑을 끝내는 것도 잘 하지 못하기 때문입니다. 이상주의자인 양자리 남성은 자존심이 너무나 강해서 자기가 틀렸다거나 자신이 선택한 사랑이 잘못되었다고 인정하는 것을 죽기보다 싫어합니다. 게다가 양자리 남성은 대수롭지 않은 일에도 크게 반응하는 경향이 있다는 것을 꼭 기억하시기 바랍니다. 이미 양자리 남성과 결별했더라도 다시 사랑의 불씨를 살려낼 기회가 있습니다. 그가 기분이 좋은 어느 날 전혀 친하지 않았던 사람처럼 굴면서 다가가 보세요. 도도한 모습을 보여 줘야 합니다. 양자리 남성은 새로운 도전을 좋아하니까요. 혹시라도 다른 사람에게 한눈파는 그를 용서해 주려면 이렇게 생각해 보세요. '그가 길을 잃고 방황하는 것은 달빛 아래 아름답게 울려 퍼지던 종달새의 노래가 멈춰 버리자 갑자기 충동적인 마음이 들었기 때문이다. 일부러 새로운 사랑을 찾아 눈길을 돌리는 것이 아니다.' 한눈파는 것은 양자리 남성의 정직한 성품과 맞지 않습니다. 미래에 대해 너무 불안해하지 마세요. 당신은 그의 마음을 여닫는 마법의 열쇠를 가지고 있습니다. 단단히 잠가 두세요.

혹시 양자리 남성을 만나면서 다른 남성과도 데이트를 하고 있나요? 양자리 남성을 장난삼아 만나 볼 생각이라면 당장 그만두는 것이 좋습니다. 당신의 그런 경솔한 행동은 처음이자 마지막이 될 것입니다. 양다리를 제대로 걸쳐 보기도 전에 양자리 남자친구를 잃을 것입니다. 다른 이성에게 귓속말을 하거나 다정한 눈길로 쳐다보는 것만으로도 충분하답니다. 양자리 남성은 자신이 모든 것에서 첫 번째이기를 고집합니다. 당연히 당신의 마음속에서도 첫 번째가 되어야 합니다. 양자리는 소유욕이 강하고 질투가 심한 편입니다. 사랑하는 사람이 부정을 저지르고 있다는 상상만으로도 화를 내는 사람은 사자자리 남성뿐이지만, 양자리는 한 술 더 떠서 늘 자신을 향한 일편단심을 확인하려 들지요. 정작 자기는 좀처럼 확인시켜 주지 않으면서요. 양자리 남성이 다른 여성과 즐겁게 담소를 나눈다 해도 그저 사심 없는 순수한 의도라고 이해해야 합니다. 양자리 남성은 당신에게는 허용하지 않는 사교적인 자유를 스스로는 누리려고 하기 때문입니다. 양자리 남성은 당신을 기둥에 단단히 매어 놓고 싶어 한답니다. 그러고는 당신이 발가락 하나도 까딱하지 않은 채, 심지어 그럴 마음조차 품지 않고 가만히 있어 주기를 바랍니다.

양자리 남성은 타고난 반항아랍니다. 권위에 도전하기를 좋아하고 자기가 태생적으로 다른 이들보다 똑똑하다고 생각합니다. 실제로 그렇다 해도 그런 얘기를 듣고 좋아할 사람은 아무도 없지요. 양자리 남성은 자기의 우월성을 무분별하게 주장하기 때문에 한 번쯤은 사람들 앞에서 큰 망신을 당할 수도 있답니다. 남을 따르기보다는 본인이 이끌어 나가야 하는 천성 때문에 윗사람들은 양자리 남성에게 자주 겸손의 미덕을 가르치려 듭니다. 그럴 때마다 양자리 남성은 상처받은 자존심을 회복하고 위안을 얻으러 당신에게 달려올 것입니다. 늘 자신감에 넘치고 공격적인 그의 모습 뒤에는 죽어도 인정하기 싫은 열등감이 자리 잡고 있음을 알게 되지요. 양자리 남성의 무너진 자존심을 보듬고 부드럽게 어루만져 줄 수 있는 여성이야말로 그의 마음을 영원토록 붙잡아 둘 수 있는 사람이랍니다. 행여나 매번 바뀌는 양자리 남성의 경쟁자들에게 동조한다거나, 그들의 입장을 헤아리는 실수를 범해서는 안 됩니다. 당신은 그가 사랑하는 대상을 사랑해야 하고, 그가 미워하는 대상은 미워해야 합니다. 연인에게나 친구에게나 동일한 수준의 열정과 절대적 충성을 요구합니다. 그게 바로 양자리 남성의 스타일입니다. 이런 모습에 열광할 수 없다면 다른 남성을 찾아보는 것이 좋지 않을까요?

양자리의 성격에 복잡한 속임수는 없습니다. 양자리 남성이 여자친구와 관계를 정리할 때는 누가 봐도 확실히 알 수 있지요. 목소리와 태도에서 느껴지는 냉담함과 무관심은 아무리 무딘 사람이라도 알아챌 수 있으며, 보통은 솔직하게 이별을 고함으로써 태도를 분명히 합니다. 오히려 불같이 화를 내고 있다면 상황이 덜 심각합니다. 일시적인 기분에 의한 것일지도 모르니 사랑을 지킬 수도 있습니다. 불같이 화를 낼 때보다 오히려 냉담해졌을 때를 더 경계해야 합니다.

양자리 남성은 밀고 당기는 줄다리기보다는 직설적인 태도를 훨씬 좋아합니다. 일에서도 사랑에서도 마찬가지입니다. 자기의 사랑을 발견했다고 생각하면 단 1초도 낭비하지 않습니다. 하지만 이들이 자기 감정을 확신할 때까지 기다릴 줄 알아야 합니다. 그 사람을 쫓아다닌다거나 시도 때도 없이 전화를 건다거나 사랑에 빠진 사람 특유의 황홀한 눈빛으로 바라보는 일은 삼가세요. 마음을 고백하고 싶다고요? 절대로 안 될 일이지요. 그 사람을 밀어내고 싶다면 그렇게 하셔도 좋습니다. 다른 모든 면에서 그러하듯이 양자리 남성은 연애도 자기가 주도해야 한답니다. 그렇지 않으면 순식간에 흥미를 잃어버립니다. 당신에게는 깊은 상처만 남겠지요. 하지만 일단 두 사람이 서로의 마음을 확인하고 연애를 시작하면 그 사람에게 냉담하게 굴어서도 무심하게 대해서도 안 됩니다. 양자리 남성은 이내 다른 곳에서 관심을 얻으려고 할 것입니다. 양자리 남성과의 사랑은 따뜻한 관심과 초연한 무관심 사이의 줄타기와도 같습니다. 당신은 곡예사가 되어야 합니다. 그 사람을 쫓아다녀서도 도망만 다녀서도 안 됩니다. 어려운가요? 행운의 네 잎 클로버를 부적 삼아 들고 다니면서 별에게 비는 방법 말고는 특별한 비법이 없을까요? 당신은 양자리 남성의 연인이 되고 난 뒤에도 항상 그 사람을 궁금하게 만들어야 한답니다. 당신의 사랑이 변함없는지 계속 확인하려는 양자리 남성에게 맞춰서 살 수 있는 방법을 배우세요. 그게 아니라면 양자리 남성 없이 사는 방법을 배우셔야 할 것입니다.

당신에게 좀 더 용기를 주기 위해 긍정적인 면도 얘기해 볼까요? 양자리 남자친구는 관계에서 늘 첫째가 되고 싶어 하기 때문에 싸우고 난 뒤에는 먼저 사과할 것이며, 당신이 필요로 할 때는 누구보다 먼저 달려와 줄 것입니다. 당신이 아플 때나 우울할 때면 바로 곁에서 지켜줄 것이고, 당신을 위해서라면 돈을 펑펑 쓰는 일도 마다하지 않습니다. 전형적인 화성인의 경우라면 더욱 그럴 것입니다. 당신의 외모를 칭찬하고 재능을 높이 평가하면서 언제나 격려해 주는 정신적인 후원자가 되어 줄 것입니다. 비록 가끔은 독불장군처럼 굴거나 사소한 일로 버럭 화를 내기도 하겠지만, 양자리 남성이 그 화를 풀지 않고 다음날을 맞는 경우는 무척 드뭅니다. 새로운 발상으로 신이 나 있을 때 양자리 남성은 자기 인생에서 가장 소중한 사람인 당신에게 격려와 관심을 받고 싶어 합니다. 양자리 남성은 당신을 자기와 동등하다고 여기기 때문에 자기의 세계를 당신과 공유하고 싶어 한답니다. 여느 남성과는 사뭇 다르지요?

양자리 남성은 자기의 여인이 요조숙녀이기를 바라는 동시에 말괄량이 아가씨이기를 기대합니다. 당신이 진정 독립적인 존재이기를 바라면서도, 자기보다 몇 발짝 뒤처져 오기를 바랍니다. 당신이 자기를 칭찬해 주고 헌신적이기를 바라지만, 그렇다고 순종적인 하녀를 바라지는 않습니다. 당황스럽죠? 용기를 내서 좀 더 들어 보세요. 양자리 남자친구는 자존심을 다치면 잔인하고 냉소적인 말도 내뱉을 수 있습니다. 악의는 없지만, 당신이 그를 이해하지 못한다면 상처를 받겠죠. 심한 말을 내뱉은 뒤 양자리 남자친구는 늘 자기가 그러하듯이 당신이 자기를 용서해 주고 하루라도 빨리 잊어버리기를 간절히 바란답니다. 그뿐만이 아닙니다. 당신은 그의 친구들을 모두 좋아해야 하지만 정작 그는 당신의 친구들이 지루하다고 여길 때도 있습니다. 불공평하다고요? 어쩌겠습니까, 당신의 선택인걸요. 주변을 살펴보세요. 가까운 곳에 당신을 위한 양자리 남성이 있을 것입니다. 당신이 양자리 남성을 잘 이해하는 여성이라면 로미오와 줄리엣처럼 주변의 부러움을 사는 사랑을 하게 될 것입니다. 물론 그들의 비극적인 결말은 제외하고 말이죠.

양자리 남성은 결혼하고 나면 어떨까요? 가정을 완전히 지배하거나 아니면 아예 방치해 둘 확률이 높습니다. 양자리 남성은 집 밖에서든 안에서든 잔소리 듣는 것을 참지 못합니다. 특히 씀씀이에 대해서는 더더욱 그렇습니다. 그 사람이 번 돈은 그의 것이니까요. 때로는 당신이 벌어 오는 돈마저도 그의 것이지요. 사실 양자리 남성은 좋게 표현하자면 수입과 지출을 균형 있게 잘 관리하는 사람이 아니랍니다. 하지만 당신이 아무리 셈을 잘하더라도 경제권을 가져오려 들지 않기를 바랍니다. 금전적인 면에서는 아예 의문을 가지지 않는 것이 좋습니다. 특히 전형적인 양자리라면 돈 쓰는 문제에 한없이 관대하지요. 당신이 필요로 하는 것은 무엇이든지 사 줄 것입니다. 게다가 가만히 앉아 있어도 들어오는 것이 꽤 있답니다. 자기 악어가죽 가방을 사고 나면 당신에게 뱀 가죽 핸드백 정도는 사다 줄 것입니다. 돈이 남아 있다면요. 양자리 남성은 이기적일지는 모르지만 결코 인색하지는 않습니다.

양자리 남성은 높은 자리에 오르기까지 직업을 자주 바꿀 수도 있지만 당신을 굶기지는 않습니다. 그리고 머지않아 안정적인 수입원을 찾을 것입니다. 그러나 그 돈이 금세 빠져나갈 수도 있으니, 당신이 몰래 조금씩 모아 두었다가 그가 필요로 할 때 깜짝 선물로 내놓는 지혜를 발휘하면 어떨까요? 양자리 남성은 절대로 돈을 따로 모아 두는 성격이 못 됩니다.(달별자리가 염소자리나 게자리인 경우, 또는 경제관념이 뛰어난 동쪽별자리를 가지고 있다면 조금 다릅니다.)

양자리 아버지는 헌신적입니다. 당신은 꿈에 그리던 아버지 상을 보게 될 것입니다. 하지만 자식들이 성장하면서 양자리 아버지와 부딪히기도 합니다. 간섭은 점점 더 늘어나고 심지어 자식의 직업까지 정해 주려고 합니다. 양자리 남성은 따뜻하고 재미있는 아버지입니다. 하지만 젊은 시절 자기 자신도 그랬듯이 자식들에게도 자유가 필요하다는 사실을 염두에 두어야 합니다. 양자리 남성은 분명히 아버지라는 역할을 즐길 것입니다. 야구면 야구, 축구면 축구, 또는 부녀지간의 저녁 식사도 즐겁게 해낼 것입니다. 아내인 당신이 남편보다 아이들을 더 소중하게 여긴다는 느낌을 주지 않도록 조심하세요. 그러면 양자리 아버지의 즐거움은 완전히 사라져 버릴 것입니다.

당신이 원한다면 결혼 후에도 직장 생활을 계속 하는 것이 좋습니다. 양자리 남편도 반대하지 않을 것입니다. 하지만 당신이 남편보다 능력이 더 뛰어나다면 문제가 달라집니다. 양자리 남편은 인스턴트 식품으로 저녁을 때우는 것은 참을 수 있어도, 아내가 자기를 미덥지 않은 남편으로 생각하는 것은 용납하기 힘들 것입니다. 이 점을 꼭 명심하시기 바랍니다.

당근과 채찍을 구사해야 할 때는 언제일까요? 양자리 남성의 자립정신은 격려하되 충동적인 경향은 잘 요리해야 합니다. 양자리 남성은 언제 어디서든 주도권을 잃으면 삶에 의미가 없어지는 사람입니다. 당신이 남편의 열의에 찬물을 끼얹거나 그 사람의 긍정적인 에너지를 부정적인 마음으로 억누르려 한다면, 따뜻하고 생기 있는 그의 열정은 순식간에 싸늘히 식어 버릴 수 있습니다.

회사에서나 가정에서나 양자리 남성은 권위를 잃어버리는 순간 완전히 다른 사람이 됩니다. 재기 넘치는 낙천주의자에서 변덕스러운 불평분자가 되었다가 마침내는 무심한 냉소주의자가 될 수도 있답니다. 양자리 남성은 천성적으로 누구에게 복종할 만한 사람이 아닙니다. 남자 중의 남자라고 할 수 있지요. 그 남성다움을 억누르지도 말고 당신의 주체성을 잃지도 않기를 바랍니다. 양자리 남성을 몰아세우는 것은 어떤 경우에도 현명한 처사가 아니랍니다. 양자리 남편은 아내가 매일 밤 사교 모임에 나가는 것을 좀처럼 이해해 주지 않습니다. 그렇다고 해서 아내가 하루 종일 집에 틀어박혀 침대 시트나 식탁보를 만들고 있는 것도 참지 못하죠. 당신은 그 중간 어디쯤에 있어야 합니다. 그렇게 할 수만 있다면 당신은 백발이 되어서도 줄리엣처럼 양자리 남편의 낭만적인 사랑을 받을 수 있습니다. 당신은 분명히 그런 사랑을 원하는 여성일 것입니다. 그렇지 않다면 처음부터 양자리 남성과 연애를 시작하지도 않았을 테니까요!

양자리 여성

♈

"여왕을 도우러 달려가지 않으실 건가요?"
앨리스가 물었다.
"소용없어! 여왕은 무섭도록 빨리 달리니까.
차라리 밴더스내치*를 따라잡는 편이 더 쉬울 게다."
왕이 말했다.

양자리 여성과 사랑에 빠졌다고요? 축하해야 할지 위로
해야 할지 모르겠군요.

"남자에게 사랑과 삶은 별개의 것이다. 하지만 여자
에게 사랑은 삶 그 자체이다."라고 말한 시인 바이런은

---

* 밴더스내치(Bandersnatch): 루이스 캐럴의 작품에 등장하는 광포한 성질을 가
진 가공의 동물.

아마 양자리 여성의 존재를 잊고 있었던 게 분명합니다. 어쩌면 양자리 여성도 사랑이 전부라고 생각할지 모릅니다. 하지만 그녀에게 사랑은 인생의 시작도 끝도 아니랍니다. 양자리 여성은 자기 자신은 말할 것도 없고 자기를 둘러싼 세계에 늘 열중하고 있습니다. 당신이 만나는 어떤 여성보다도 양자리 여성은 남성 없이 혼자서 잘 살아갈 수 있는 사람이랍니다.

물론 남자 없이 지낸다고 해서 사랑 없이 지낸다는 말은 아닙니다. 양자리 여성은 마음을 다해 동경할 꿈속의 남자, 영웅을 항상 필요로 하니까요. 그 영웅이 아주 오래 전에 만나 지금은 먼 곳에 있는, 어쩌면 숨어 있어서 볼 수도 만질 수도 없지만 언젠가 안개 속에서 홀연히 나타날 것 같은 사람일지라도, 양자리 여성은 4월의 비를 맞으며 그 사람을 생각할 것입니다. 첫눈이 내리는 날이나, 길을 걷다 어떤 노래를 들을 때, 혹은 깜박이는 불빛을 볼 때, 그 남성을 떠올릴 것입니다. 양자리 여성이 이렇게 남성을 동경하면서도 현실에는 남자친구 하나 없다면 친구들은 안타까워하겠지만, 막상 본인은 그다지 아쉬워하지 않습니다. 남성이 할 수 있는 일이라면 자기가 더 잘할 수 있다고 생각하기 때문이지요.

양자리 여성은 남성이 문을 열어 줄 때까지 기다리지 않습니다. 전쟁터에서는 직접 총을 들며, 레스토랑에서는 남성의 도움 없이 의자를 손수 끌어당겨 앉고 코트도 혼자 입을 뿐더러, 늦은 밤 택시도 직접 잡아탑니다. 본인이 직접 하는 것이 가장 효율적이라고 생각하기 때문입니다. 물론 상처받기 쉬운 남성들의 자존심을 살려 주는 방법은 아니겠지요? 화성의 지배를 받는 양자리 여성들은 항상 리드하기를 원하며 누구보다 앞서 행동하는 사람이 되고자 합니다. 남녀 관계에서 먼저 다가가는 일도 포함되지요. 양자리 여성은 모든 별자리 중에서 먼저 프러포즈할 가능성이 가장 높습니다. 상대 남성이 데이트 날짜를 정하지 못하고 우물쭈물하는 사람이라면 특히 더 그렇습니다. 연인 관계에서도 리더가 되고 싶어 하기 때문에 양자리 여성과의 연애는 매우 조심스럽게 시작해야 합니다. 데이트 후 집 앞에서 작별 키스를 시도하기 전에 그녀의 마음을 온전하게 얻었는지 잘 생각해 보는 것이 좋습니다. 서두르다가는 그녀가 당신 뺨을 호되게 갈기고는 놀란 사슴처럼 도망갈지도 모르니까요.

하지만 오해하지는 마세요. 양자리 여성이 도망가는 것은 수줍음 때문이 아니랍니다. 당신의 정열적인 마음이 두려워서도 아니랍니다. 그 정도라면 그녀도 거뜬히 감당할 수 있어요. 이유는 다른 데 있습니다. 자기를 마냥 숭배하는 열광적인 팬이나 자기만 졸졸 따라다니는 풋내기와 엮이는 것이 두려워서랍니다. 두 경우 모두 양자리 여성을 끔찍하리만큼 지겹게 만들 테니까요. 약간 무심한 듯 행동해 보세요. 양자리 여성이 당신에 대해 궁금해하도록 만든다면 성공입니다. 머지않아 그녀가 당신을 쫓아다닐 것입니다. 양자리 여성의 영향력을 거부하는 남성은 늘 그녀의 관심을 불러일으킵니다. 그토록 매력적인 자신을 어떻게 거부할 수 있는지 이해할 수 없거든요. 이렇게 되면 양자리 여성은 불같은 자존심을 내세우며, 비록 그에게 더 이상 관심이 없다고 하더라도 자기가 매력적인 사람이라는 것을 증명하기 위해 모든 수단을 동원할 것입니다.

『바람과 함께 사라지다』의 주인공 스칼릿 오하라를 기억하시죠? 화성이 지배하는 여성의 전형을 보여 주는 캐릭터입니다. 스칼릿처럼 양자리 여성은 주변의 모든 남성들을 자기 발밑에 두고 싶어 합니다. 하지만 정작 그녀 자신은 어째서인지 결코 가까이할 수 없는 남성을 동경하는 경우가 많습니다. 스칼릿처럼 양자리 여성은 고난이 다가오면 징징거리지 않고 재빨리 살아남을 방법을 찾아냅니다. 스칼릿과 양자리 여성은 둘 다 정말 강한 캐릭터들입니다. 전통을 무시하고, 전진하는 군대에 맞서는 일도 서슴지 않고, 심지어 자신이 사랑하는 사람이 위험에 처하면 눈 하나 깜짝하지 않고 총을 쏠 수도 있답니다.

스칼릿은 먹을 것도 없고 친구 하나 없이 외로울 때에도 자신을 구원해 줄 사람을 기다리는 일 따위는 하지 않지요. 대신 하늘을 향해 주먹을 불끈 쥐고는 이렇게 외칩니다. "난 이겨 낼 수 있어. 그리고 두 번 다시 굶주리지 않을 거야. 필요하다면 거짓말하고, 사기치고, 사람을 죽일 수도 있어. 하느님께 맹세하겠어. 절대로, 두 번 다시 굶주리는 일은 없을 거야!" 양자리 여성을 이보다 더 잘 표현할 수 있는 장면은 없을 것입니다. 세월이 흘러 그녀의 마음이 지쳐 갑니다. 사랑하는 아이도 세상을 떠나 버리고, 유일하게 사랑하던 남자마저 자기 곁을 떠나려 합니다. 하지만 전형적인 양자리 여성은 여전히 이렇게 말합니다. "언젠가는 그 사람이 다시 돌아오게 만들 거야. 내가 한번 마음먹으면 잡을 수 없는 남자는 없으니까. 내일은 내일의 태양이 뜰 테니."

네. 스칼렛 오하라는 열두 별자리 중 첫 번째인 양자리의 이미지를 아주 생생하게 그려 내고 있습니다. 비극을 딛고 이겨 내는 화성의 힘과 정신없이 몰아치다가도 적절한 타이밍에 흘리는 눈물, 그리고 남자들이 없을 때는 그들의 몫까지 해낼 수 있는 양자리 여성의 캐릭터를 완벽하게 보여 줍니다. 스칼렛 오하라의 캐릭터를 잘 분석해 보세요. 당신이 만나고 있는 양자리 여성에 대한 궁금증들이 풀릴 것입니다. 그 동안 당신이 얼마나 멋모르고 행동해 왔는지 깨닫게 될 것입니다. 때로 양자리 여성의 공격적인 추진력은 감당하기 어렵겠지만, 반짝거리는 낙관주의와 미래에 대한 신념은 삶에 활력을 더해 줄 것입니다.

양자리 여성은 아첨에 잘 넘어가는 편입니다. 그 아첨이 어느 정도 정직함에 근거한다면요. 당신이 그녀를 존경한다는 사실을 알게 하되, 너무 과장하는 것은 좋지 않습니다. 양자리 여성은 사랑에 대한 충성심이 대단하지만 자기가 매우 감성적인 만큼 당신의 감성도 살아 있어야 그 충성심이 유지됩니다. 그녀는 양자리의 전형적인 모순을 지니고 있습니다. 누군가 자기를 대놓고 쫓아다니는 것도 싫어하지만 시야에서 멀어지면 그 사람에 대한 관심을 금방 잃어버립니다. 너무 지배하려 드는 남성을 싫어하지만 그렇다고 발밑에서 황홀한 눈빛으로 쳐다보고 있는 남성에게도 끌리지 않지요. 양자리 여성이 행복해지려면, 사랑하는 사람을 통제하려는 강한 욕망과 상대방에게 지배당하고 싶은 은밀한 욕망이 서로 조화를 이루어야 합니다. 양자리 여성은 눈부신 갑옷을 입은 용감한 기사가 자기를 번쩍 들어 말에 태우고 세상을 정복하여 고스란히 자기에게 바치면서도 남자다움을 잃지 않는 그런 꿈을 꿉니다. 하지만 그런 기사는 오직 동화 속이나 아디 왕의 궁전에나 존재할 뿐이므로, 양자리 여성은 자기를 인도해 주는 별 없이 혼자서 인생을 항해하는 경우가 자주 있답니다. 양자리 여성의 하루는 밝고 재미있는 일들로 가득 차 있지만 때때로 밤이면 의

기소침해져서 무언가를 그리워하며 시간을 보내곤 합니다. 하지만 양자리 여성은 꿈이 짓밟혀 한 줌의 재로 사라지더라도 다시금 새로운 불을 지피기 위해 떨쳐 일어섭니다.

양자리 여성은 연인을 자랑스러워합니다. 그렇다고 해서 그녀의 재능과 능력이 당신보다 부족하다는 뜻이 아니므로 너무 우쭐댈 필요는 없습니다. 비록 양자리 여성이 원하는 것은 많지만 당신에게 줄 수 있는 것은 그 두 배가 넘는답니다. 양자리 여성은 동정심이 많아서 자기의 시간, 소유물, 돈을 기꺼이 나누려 하지만 사랑에 있어서는 그다지 너그럽지 않습니다. 양자리 여성은 '내 것은 내 것'이라는 원칙에 충실합니다. 그래서 쉽게 질투의 화신이 되기도 하지요. 양자리 여성 앞에서 당신이 좋아하는 여배우 이야기를 꺼내거나 그녀의 여자친구들에 대한 지나친 칭찬은 삼가는 게 좋습니다. 그러니 양자리 아내를 둔 남성이라면 남자 비서를 두는 것이 안전하답니다. 늘 그녀를 먼저 고려하세요. 그렇지 않으면 그 강렬한 열정과 가슴 떨리는 감정들이 순식간에 증발해 버리는 것을 목격하게 될 것입니다. 상처받은 마음은 불에서 얼음으로 변합니다. 불은 빨리 타오르는 만큼 빨리 꺼져 버리지만, 얼음은 북극에서처럼 영원히 지속될 수 있답니다. 진심으로 양자리 여성을 사랑한다면 늘 먼저 배려해 주세요. 그러지 않으면 그녀가 용납하지 않을 것입니다.

양자리 여성은 사랑하는 이를 높은 신전에 모셔 놓고 그 사람이 완벽한 신처럼 살아 주기를 기대합니다. 그녀는 연인의 발이 더러워도 차마 눈 뜨고 볼 수 없을 정도가 아니라면 못 본 척합니다. 양자리 여성의 남자친구나 남편, 자녀를 비판할 때는 단단히 각오해야 합니다. 그녀의 희망찬 계획에 호응해 주지 않으면 그녀는 불평하거나 당신을 날카로운 말로 공격할지도 모릅니다. 반면에 당신이 호응을 잘해 준다면 부드럽고 헌신적이며 아주 협조적인 사람이 됩니다.

양자리 여성은 남성이 많은 회사를 선호하며 노소를 막론하고 주변의 모든 남성들로부터 인정받고 싶어하기 때문에, 당신은 주체할 수 없는 질투심을 자주 느끼게 될 것입니다. 하지만 초연해지세요. 양자리 여성은 당신을 온전히 소유하려 들면서도, 당신이 그녀를 소유하려 드는 것은 견디지 못합니다. 양자리 여성은 결혼한 뒤에도 완전한 자유를 고집합니다. 당신은 그녀가 어디에서 무엇을 하든 그녀를 믿는 게 좋습니다. 비록 양자리 여성이 당신을 똑같이 신뢰해 주지는 않겠지만요.(감정을 다스릴 줄 아는 현명한 양자리 여성이라면 다른 문제입니다.) 하지만 너무 낙담하지는 마세요. 양자리 여성은 누군가와 확실한 관계를 맺고 나면 신의를 지키니까요. 양자리 여성은 동시에 두 사람을 사귀지 못합니다. 그러기에는 너무 정직합니다. 아주 특별한 경우를 제외한다면 다른 남자와 연애를 시작하기 전에 미리 당신과의 사랑이 끝났다고 명확하게 얘기해 줄 것입니다.

양자리 여성에게는 심오한 열정과 신비스러운 이상주의가 절묘하게 결합되어 있습니다. 모든 관계에 진지하게 임하고 그 관계가 영원할 것이라고 여깁니다. 무언가를 감추거나 교활한 술책을 부리는 게임 따위는 하지 않습니다. 양자리 여성의 사랑은 자기의 말과 행동처럼 직설적입니다. 그녀의 감정은 그야말로 단순해서 신선하고 명쾌합니다. 양자리 여성은 약간 길들일 필요가 있는데, 당신을 정말로 사랑한다면 온순한 양처럼 받아들일 것입니다.

화성의 지배를 받는 양자리 여성은 일에서도 탁월한 경력을 쌓아 가는 경우가 많습니다. 주식 거래에서부터 부동산 중개에 이르기까지 남자들이 하는 일 대부분을 잘할 수 있습니다. 또한 모델이나 연기 같은 지극히 여성적인 분야에서 두각을 나타내기도 합니다. 만약 전문직 양자리 여성이라면 당신 때문에 일을 그만두기는 어려울 것입니다. 황홀한 사랑에 취해 둘만을 위한 동화 같은 바닷가 오두막집을 마음속에 지어 놓고 한동안 일을 내팽개칠 수는 있습니다. 지루한 부분은 건너뛰고 행복한 이야기에만 집중하는 전형적인 양자리식 상상력이죠. 하지만 그 오두막집에 페인트칠을 새로 할 때가 되고 지붕에 물이 새기 시작하면서 처음의 황홀함이 점점 사라져 가면, 양자리 여성은 다시 직장을 구하고 싶어 안달이 날 것입니다. 내버려 두세요. 양자리 여성은 자기가 흥미를 느끼는 일을 할 때 훨씬 행복하고 사랑스럽고 또한 부드러워집니다. 화성인은 정서가 충족되지 않으면 아주 사소한 일도 큰 문제로 만들어 버릴 가능성이 있답니다.

양자리 여성은 어떤 일에도 맞서 싸울 수 있습니다. 그것이 도전적인 일이거나 삶에 활기를 불어넣어 줄 만한 일이라면 실용적인 것이든 아니든 일단 시도해 봅니다. 제가 아는 어떤 양자리 여성은 형편이 어려워져 몇 년 동안 방 두 칸짜리 집에서 기운 넘치는 아이들 다섯 명과 남편을 데리고 지내야만 했습니다. 평범한 여성이라면 비루한 환경에서 살게 된 현실에 울화통을 터트리며 신세 한탄을 했겠지요. 하지만 양자리 여성은 다릅니다. 이 사람은 가끔 울컥하고 화가 날 때도 있었지만 그 상황을 잘 견뎌 냈습니다. 그 무렵 어떤 천문해석가가 그녀의 출생차트를 보고 지금 매우 힘든 상황에 처해 있다고 말했습니다. 그 양자리 여성은 의아해하며 이렇게 물었습니다. "언제쯤 그 안 좋은 일이 생기나요?"

이 양자리 여성은 어느 날, 방이 두 개밖에 없는 그 좁은 집에서 개를 한 마리 더 키우고 싶은 마음이 생겼습니다. 원래 있던 개가 수컷이었는데 암컷 친구를 하나 구해 줘야겠다고 생각했지요. 외로워 보였거든요. 게다가 아이들도 몹시 좋아했습니다. 새로 온 개가 배변훈련을 받지 않았다는 사실을 알고 나서도 별로 당황하지 않앗습니다. 마치 해병대 훈련교관처럼 온 가족에게 돌아가면서 카펫을 세탁하도록 순서를 정해 주었습니다. 그래도 예전처럼 깨끗해지지는 않았어요. 뭔가 결정을 내려야 했습니다. 개를 팔았을까요? 당연히 아니죠. 그녀는 예쁜 새끼 강아지들이 태어나기를 기대하고 있었습니다. 카펫을 새로 살 돈은 어떻게든 생길 거라고 믿었지요. 신기하게도, 그렇게 되었습니다. 또한 강아지들이 태어나기 전에 기적처럼 새로운 아파트로 이사 가게 될 거라고 믿었습니다. 정말 신기하게도, 그렇게 되었습니다. 기적은 믿는 사람들에게 일어나는 법입니다. 양자리 여성은 당연하다는 듯이 믿습니다. 때로는 미련해 보일 정도입니다. 그 무분별함 때문에 가끔 난관에 부딪히기도 합니다. 흰머리가 나기 시작할 때쯤에나 같은 실수를 두 번 하지 않는 요령을 익히죠. 양자리는 경험으로 배우는 사람들이 아닙니다. 매사에 적극적이지만 타고난 기질은 고집불통입니다. 전형적인 양자리 여성에게는 성경 말씀도 통하지 않습니다. '위기 앞에서는 자존심도 사라진다.' 양자리 여성들은 이 문구를 아득한 옛날 주일 성경학교에서 처음 들었을 때부터 이렇게 이해하고 있

습니다. '자존심이 사라지면 위기가 온다.'

양자리 여자친구가 늑대의 유혹에 넘어갈까 봐 걱정할 필요는 없습니다. 그녀는 늑대나 바람둥이에 대한 면역성이 있습니다. 정작 위험한 것은 대의명분을 내세우는 이상주의자들입니다. 하지만 그들의 유혹에 넘어가더라도 양자리 여성은 지치지 않고 자신의 주체성을 내세울 것입니다. 제대로 된 임자를 만난다면 조금 얌전해지기는 하겠지만 절대로 정복당하지는 않습니다. 당신에게 선물을 사 주고 돈도 빌려 줄 겁니다. 당신이 아프면 간호도 해 주고 실직했다면 함께 직장을 알아봐 줄 것입니다. 그리고 자기에게도 똑같이 해 줄 것을 기대한답니다.

아마도 양자리 여성은 완강하게 부인하겠지만(양자리답게 아주 거세게 부인하겠죠.) 그녀는 자기가 우울할 때 당신도 우울해야 하며, 자기가 행복할 때 당신도 행복해야 한다고 생각합니다. 양자리에게 있어 사랑이란 공유하는 것이죠. 당신의 면도기나 신용카드는 물론, 심지어 당신의 우정이나 꿈까지도 공유하고 싶어 합니다. 반대로 당신도 그녀의 것을 공유할 수 있습니다. 하지만 그녀의 면도기는 이미 고장이 났고, 신용카드는 한도가 넘었으며, 친구들과도 서먹서먹해져 버린 지 오래입니다. 게다가 그녀의 꿈은 당신이 쫓아가기에 너무 원대하지요. 하지만 그녀는 절대로 폐쇄적이지는 않습니다. 당신에게 혼자만의 비밀이 있다면 양자리 여성은 미쳐 버릴 것입니다. 양자리 여성을 화나게 만드는 것은 별로 현명한 처사가 아닙니다. 사람들 앞에서 말실수를 하거나 복장이나 태도 따위로 그녀를 무안하게 만들지 마세요. 양자리 여성은 적어도 그런 부분에 있어서는 당신을 당황스럽게 하지 않으니까요.

양자리 여성이 마음에 크게 상처를 입을 때는 언제일까요? 누군가 자존심을 건드리거나 열정에 찬물을 끼얹을 때랍니다. 주위 사람들이 종종 그러곤 하지요. 세상 사람들은 꼬박꼬박 말대답하고 스스로 똑똑하다고 여기는 여성을 못마땅하게 생각합니다. 양자리 여성은 세상이 자기를 중심으로 돌고 있지 않다는 것을 깨닫는 날 당신 품으로 달려가 자기의 세계는 어둡고 암울하다며 눈물을 흘릴 거예요. 비로소 당신은 양자리 여성이 자신감에 넘치는 겉모습과는 달리 사실은 얼마나 무방

비 상태이며 또 얼마나 상처받기 쉬운 존재인지 알게 될 것입니다. 그녀는 괴로워도 슬퍼도 울지 않는 캔디가 아닙니다. 단지 그렇게 되고 싶어 할 뿐이죠. 이상주의와 인간에 대한 낙천적인 신뢰 때문에 양자리 여성은 종종 현실과 부딪힙니다. 그럴 때는 다정하게 위로해 주세요. 그런 당신이라면 그녀가 절대로 떠나지 않을 것입니다. 그리고 항상 양자리 여성의 적들에 맞서 그녀를 두둔해 주세요. 그 사람 편에 서 주지 않으면 당신은 영원히 용서받지 못할지도 모릅니다.(하지만 그녀가 적과 화해할지도 모르니 당신도 화해할 여지를 남겨 두어야 합니다.) 양자리 여성은 이 부분에 있어서는 공정합니다. 그녀 역시 당신을 열렬히 옹호해 주기 때문이죠. 양자리 여성은 자기 친구에게 상처 주는 사람이 있다면 명예와 재산을 내던져 가면서 맞설 것입니다. 친구가 아니라 연인이라면 그 분노는 걷잡을 수 없이 커집니다. 양자리 여성은 의리를 빼면 시체랍니다.

양자리 여성에게 아내라는 역할은 조금 버거울 수도 있습니다. 가정이라는 울타리는 양자리 여성의 창조적인 에너지를 담아 두기에 너무 작기 때문에 그녀는 바깥으로 관심을 돌리게 됩니다. 양자리 아내가 가정주부로서의 삶에 만족할 거라 기대해서는 안 됩니다. 폴짝폴짝 뛰어오르는 개구리처럼 집 안에서도 명랑하게 지낼 거라고 기대하지 마세요. 물론 양자리 여성은 요리 실력도 대단하고 집 안을 (적어도 눈에 띄는 부분은) 반짝반짝하게 닦아 놓을 것입니다. 때로는 옷에 단추도 달고 셔츠도 다리겠지만, 이런 일들을 별로 좋아하지는 않는답니다. 그래도 필요하다면 언제든지 할 것입니다.(양자리 여성은 필요하다면 못하는 일이 없습니다.) 하지만 양자리 여성이 지닌 내면의 불은 벽난로에서 전해 오는 따뜻하고 편안한 온기가 아니라 눈부신 다이아몬드의 광채와 같다는 것을 기억하세요. 당신이 양자리 아내에게 위로받고 싶어 할 때, 그녀는 까칠한 성격 때문에 오히려 속을 뒤집어 놓는 경우가 더 많습니다. 하지만 늘 신나고 재미있는 사람입니다. 한편으로는 그런 강력한 추진력이 도대체 어디로 갔을까 싶을 정도로 부드러운 모습도 있습니다. 인내심을 가지고 기다릴 줄 아는 남자에게만 보여 주는 모습이지요. 양자리 여성은 누구보다도 마음이 여리지만, 정말로 가까운 사람들만 알 수 있습니다. 양자리 아내는 매우 지적이고 수다스럽습니다. 아침 식사를 하면서 신문으로 얼굴을 가리지 마세요. 양자리 아내는 대화할 친구가 필요하답니다. 그녀의 화를 돋우면 숟가락이 날아올지도 모르니 조심하세요.

양자리 아내가 아프거나 피곤하다고 투정 부리는 모습은 거의 볼 수 없을 것입니다. 하지만 아플 때는 극진한 위로를 받고 싶어 합니다. 열이 높으면 잔소리를 해서라도 침대에 눕히고, 몸이 아플 땐 그녀의 손과 발이 되어 주세요.

양자리 아내에게 전화해서 그냥 야근한다고만 말하는 것은 좋지 않습니다. 아주 구체적으로 무슨 일 때문에 늦어지는지 알려 주어야 합니다. 저녁 밥상을 두 번 차리기 싫어서가 아닙니다. 양자리 아내는 당신이 어디에서 무엇을 하는지 당장 전화해서라도 알아내야 직성이 풀리는 사람입니다. 양자리 아내는 당신 직장 상사에게 좋은 인상을 줄 것입니다. 그녀가 회사 운영에 참견하는 일만 잘 막는다면요. 양자리 아내는 당신이 잠시 실직하여 자신이 돈벌이를 책임져야 하는 일에는 개의치 않지만, 자기보다 연봉이 적은 남편을 존중하는 일은 힘겨워할 것입니다.(이런 이유로 남자를 떠나지는 않습니다. 오히려 입장을 변호해 주는 편이죠.) 양자리 아내는 당신이 간혹 뭔가를 못하게 하면 곧장 거울 앞으로 달려가 화장을 하고 향수를 뿌려 댈 것입니다.(이런 면에서는 천생 여자입니다.) 당신 여비서의 헤어스타일을 칭찬하는 말도 같은 결과를 초래할 것입니다. 어쩌면 더 위험할 수도 있습니다. 양자리 여성의 허영심은 사람들이 무심코 던진 말에도 의외의 반응을 보입니다. 그저 나이를 물었거나 조금 피곤해 보인다고 했을 뿐인데 그녀는 자기가 나이 들어 보인다고 생각한답니다.

결혼 생활에서 열정과 낭만이 유지되지 않으면 양자리 여성은 비참할 정도로 불행해 할 것입니다. 불행의 원인이 되는 상황을 바꾸는 일이라면 잠시도 지체하지 않기 때문에 갑자기 별거나 이혼을 선언할 수도 있습니다. 양자리 여성에게 통장을 맡기는 것은 별로 현명한 일이 아닙니다. 소꿉장난 정도로 생각한다면 시도는 해 볼 수 있을 거예요.

양자리 어머니는 아기가 행복한지, 배고픈지, 기저귀는 깨끗한지 자주 확인할 것입니다. 아기가 울 때마다 안아 주거나 과잉보호하는 타입은 아니지만, 따뜻하게 안아 주고 뽀뽀도 자주 해 줄 것입니다. 양자리 엄마는 아이들에게 동심을 불어넣어 줍니다. 산책을 하다가 아침이슬을 보고는 '달빛 아래 요정들이 춤추다 잔디밭에 떨어뜨린 반짝이는 목걸이 구슬'이라고 말해 줄 것입니다. 양자리 여성은 아이들을 위해서 환상의 마법 세계를 만들어 낸답니다. 바로 자기가 살고 있는 그곳이지요. 그녀는 관대한 부모는 아니어서 엄격한 교육을 고집하기 때문에 자녀들을 독립심이 강한 사람으로 키워 낼 가능성이 높습니다. 양자리 엄마는 나무로 장난감 만들어 주기, 잠자기 전 동화책 읽어 주기, 그리고 잠자리 키스 같은 방식으로 아이들과 교감한답니다.

양자리 여성이 화내는 모습은 인상적이지요. 때로 터무니없이 난폭한 장면을 연출하기도 하지만, 소나기처럼 한 차례 쏟아 붓고 나면 어느새 잠잠해집니다. 원한을 품고 복수를 시도하거나 자기연민이나 비통함에 빠지는 일은 절대로 없지요. 감정의 거센 폭풍이 몰아치고 나면 비온 뒤의 무지개처럼 낙천적인 4월의 여인으로 돌아올 것입니다. 양자리 여성이 상당히 남성적이라고들 하지만 그런 말은 믿지 않으셔도 됩니다. 씩씩한 겉모습 뒤에는 너무나 여성적인 부드러움이 있습니다. 보통의 남자들에게는 오히려 과할 정도입니다. 하긴 빛나는 갑옷을 입은 백마의 기사도 보편적인 남성은 아니죠. 어디 용감하고 외로운 기사 없나요? 세상 모든 괴물을 물리쳐서 얻을 만한, 꿈속의 여인이 여기 있습니다.

양자리 여성은 항상 밝고 당당하게 미소 짓고 있지만 쉽게 상처받는 사람이라는 것을 명심하기 바랍니다. 그 미소는 상처를 숨기기 위한 가면일 뿐입니다. 당신이 이 거친 양을 온순한 양으로 바꿀 수만 있다면, 정직하고 열정적이고 재미있기까지 한 동반자를 얻을 수 있습니다. 때로는 충동적이고, 대장 노릇도 하고, 지나치게 독립적이겠지만, 모든 걸 다 가질 수는 없는 법이죠. 양자리 여성은 당신이 잃어버린 환상을 찾도록 도와주고 당신의 꿈을 맹목적으로 신뢰할 것입니다. 꿈이 없다고요? 그녀에게 빌리세요. 그녀는 다른 사람에게 나누어 줄 만큼 꿈이 많거든요. 그녀가 당신을 믿는 반만큼만 그녀를 믿어 준다면 머지않아 함께 기적을 만들어 낼 것입니다.

양자리 어린이

♈

"그러니까, 인형이 튀어나오는 장난감 같이
뭐가 쑥 나한테 나오더니
내가 로켓탄처럼 튕겨 나간 거예요!"

볼이 발간 양자리 갓난아기는 아빠가 잠깐 자리를 비운
사이 큰 소리로 울어 댈 것입니다. 어서 달려와 자기를
좀 봐 달라는 것이죠. 어떻게 감히 자기를 내버려 두고
간호사와 얘기하고 있냐고 항의하는 것입니다. 도대체
누가 대장일까요?

퇴원하고 집으로 가는 길에 그 대답은 명확해집니
다. 바로 당신의 양자리 아기가 대장입니다. 잘 모르겠

다고요? 그럼 아기가 조금 더 자랐을 때 높다란 어린이 용 의자에 앉혀 보세요. 숟가락으로 유아용 식판을 쾅쾅 내려치고 있지요? 집 안에 자기보다 높은 사람은 없답니 다. 이 녀석은 자기가 좋아하는 음식에 대해서도 태도가 아주 분명합니다. 이 튼튼하고 활동적이며 어깨가 넓은 꼬마에게 물렁한 뼈는 없습니다. 싫어하는 채소가 입에 들어오면 총알처럼 뱉어 내고, 맛없는 시리얼을 주면 아 직 머리카락도 제대로 나지 않은 조그만 머리 위에 그릇 을 뒤집어엎고 문질러 댑니다. 여자 아기도 남자 아기와 마찬가지로 자기주장이 확실합니다. 작고 여린 꼬마 아 가씨가 그렇게 단호할 거라고 상상하기 힘들겠지만 남 자 아기보다 더할 수도 있습니다. 어머, 제가 여리다고 했나요? 4월의 금속은 강철이고 4월의 보석은 다이아몬 드입니다. 우리가 알고 있는 가장 단단한 물질들이지요.

양자리 아기는 빠릅니다. 다른 아기들보다 일찍 걸 음을 떼고 일찍 말을 배웁니다. 제어하기 쉽지 않을 것 입니다. 아장아장 걷는 양자리 아기에게 "안 돼, 안 돼!" 라고 말하면 짧고 통통한 손가락을 흔들어 보이며 싫다 고 합니다. 아주 어릴 때부터 단속이 필요한 꼬마들이죠. 넘어져서 머리나 얼굴에 상처가 생길지도 모릅니다. 양자리는 사고가 날 확률이 높습니다. 날카로운 칼은 손에 닿지 않는 곳에 치워 두고 화상을 입지 않도록 조심해야 합니다. 주변에 뜨거운 것이나 위험한 물건이 있으면 양자리 아기는 궁금해서 일단 손을 뻗고 봅니다. 한번 당하면 다시는 안 그럴 것 같지요? 이 녀석들은 그렇지 않습니다. 매번 신기록을 세웁니다. 이가 나기 시작하면 뭐든지 입으로 가져가서 정말 정신을 못 차리게 합니다. 아기 입장에서야 그런 시련들이 별일 아니겠지만 과연 당신에게도 그럴까요?

조금 더 크면 그 녀석이 한번 안아 주기만 해도 당신은 숨 쉬기가 힘들 것입니다. 양자리 아기는 어린 시절에 정서적으로 억압된 드문 경우를 제외하고는 애정을 많이 표현하는 편입니다. 억압된 양자리 아기는 애처롭고 기운 없는 양입니다. 그래도 그 뿔이 위험하기는 마찬가지입니다.

친척에게 아기를 맡길 때는 반드시 아기의 특징을 알려 줘야 합니다. 당신이 잠깐 여행을 가는 동안에 이모가 덥석 아기를 맡았다가는 문제가 생길 수도 있습니다. 이모가 사탕 통에 손을 집어넣으려는 양자리 아기의 팔을 잡고 경고의 의미로 발이라도 쿵 굴렀다고 생각해 보세요. 놀란 양자리 아기는 화가 치밀어 올라 자기도 발을 콩콩거리며 생애 최초로 완벽한 문장을 뱉어 낼 것입니다. "이모! 나한테 뭐라고 하지 마!" 그리고 신기하게도 이모는 당분간 이 녀석에게 이래라저래라하지 못하게 될 것입니다. 당신은 예정보다 일찍 돌아와야 할 겁니다. 그 녀석이 발을 구르다가 엄지발가락을 다쳤거든요.

양자리 아이는 홍역과 볼거리, 수두, 성홍열 같은 병들을 거뜬히 이겨 내면서 더 튼튼해집니다. 양자리는 회복 속도가 빨라서 질병과 싸우는 것이 대수롭지 않습니다. 그리고 이때부터 기질적 특성이 본격적으로 드러납니다. 남녀 아이 모두 자기의 요구가 받아들여지지 않으면 떼를 쓰겠지만, 화가 오래가지는 않습니다. 양자리 아이는 주기적으로 한 번씩 폭발하는데 그러고 나면 햇살처럼 밝고 커다란 웃음을 보여 줄 것입니다.

양자리 아이는 매우 관대해서 당신은 물론 함께 노는 친구들, 우체부, 옆집 강아지, 심지어 도둑고양이와도 장난감을 나눠 가지려고 합니다. 하지만 누군가 마음에 상처를 주거나 자기가 하려는 것을 막으면 그런 관대함은 싹 사라지고 맙니다.

양자리 아이는 숙제를 잘 하지 않는 버릇이 있습니다. 염소자리, 게자리, 처녀자리, 물고기자리처럼 보다 순종적인 아이들과 비교해서 압력을 가해 보려는 당신의 전략도 잘 먹히지 않습니다.(양자리 자녀가 한 명이라는 전제하에 말하는 겁니다. 이상하게도 양자리 자녀가 둘 이상 되는 가정은 별로 없답니다.) 윽박지르기보다는 도전하게 만드세요. 고양이가 크림을 맛있게 핥아먹듯이 양자리 아이는 도전을 즐길 것입니다. 그저 아이에게 너는 속도가 조금 느릴 뿐이고, 다른 아이들만큼 똑똑하지는 않고, 약간 부족한 면이 있기는 하지만, 당신은 걱정하지 않는다고 얘기해 주세요. 그래도 당신에게는 사랑스러운 아이라고 해 주세요. 그러면 아이는 갑자기 먼지 쌓인 책을 펼쳐 들고는 자기의 능력을 증명해 보이려 들 것입니다. 누가 감히 자기를 능가하겠어요? 그때부터 모든 것은 달라집니다.

가정에서 그런 전략을 시험해 보고 나면 학교 선생

님에게도 조언을 해 주세요. 선생님은 아마 고마워서 큰 절이라도 하려 할 겁니다. 만약 그 반에 양자리 아이가 두 명 이상 있다면 당신에게 감사의 표시로 과일 몇 상자라도 보낼 것입니다. 실제로 양자리 아이는 무엇이든 눈 깜짝할 사이에 배우고 절대로 잊어버리지 않습니다. 몰두하기만 한다면 학교 공부는 식은 죽 먹기지요. 하지만 이 비법을 아는 부모는 많지 않습니다. 실제로 많은 부모들이 자기의 양자리 아이가 머리는 아주 좋은데 왜 공부가 뒤처지는지 의문스러워하며 몇 년을 보내지만, 너무 걱정할 필요는 없습니다. 그 아이는 세상에 자기보다 더 똑똑한 사람들이 많다는 것을 깨닫는 순간 빠른 속도로 뒤처진 공부를 따라잡을 테니까요. 화성의 자존심에 한두 번 금이 가면 벼락치기를 해서라도 성적을 올릴 것입니다.

양자리 아이는 상상력이 매우 풍부합니다. 동화책에니 나올 법한 몽상가인데다 낭만적이기까지 합니다. 하지만 동시에 이른 나이에도 기계 다루는 법을 스스로 터득한답니다. 이상하게 들리겠지만, 양자리 아이는 고집 세고 손재주 많은 몽상가입니다. 순진하지만 강인하고, 부드럽지만 진취적입니다. 불같은 성격의 양자리 아이에게는 이처럼 어울리지 않을 것 같은 특징들이 잘 섞여 있습니다. 정말 신기하고 놀라운 일입니다. 당신의 친구도, 나중에 만날 그 아이의 직장 상사, 경쟁자, 배우자도 모두 똑같이 느낄 것입니다.

양자리 아이는 또래들과 어떻게 지낼까요? 새로운 놀이를 고안하거나 새로운 악당을 등장시키며 놀이를 주도할 것입니다. 어떤 상황에서도 자기만의 방법을 고집하면서 권위에 정면으로 맞설 테니 아예 처음부터 엄격한 규칙을 정해 놓는 것이 좋습니다. 양자리 아이가 어려서 규칙을 지키는 방법을 배우지 않으면 어른이 되어 혹독한 대가를 치르고 나서야 교훈을 얻습니다. 양자리 아이는 용감해 보이는 겉모습과는 달리 마음이 여리답니다. 그리고 마음 깊숙이 타인에게 사랑받지 못할지도 모른다는 두려움이 자리 잡고 있습니다. 누군가 아이의 천진난만한 꿈을 무시하거나, 들떠 있는 열정에 찬물을 끼얹으면 곧장 집으로 달려와 눈물을 뚝뚝 흘리며 당신 품에 안길 것입니다. 그럴 때는 아이를 꼭 안아 주세요. 마음에 큰 상처를 받았거든요. 성급하게 세상을 정복하려 하지만 양자리의 이상주의는 예민해서 작은 충돌에도 상처받습니다. 늘 희망에 차 있는 이 순진한 낙관주의자는 앞으로 살면서 많은 상처를 입을 것입니다. 그럴 때는 생각보다 많이 보듬어 주어야 한답니다.

양자리 아이는 동화 속 세상에 살고 있습니다. 동화 속에 나오는 요술지팡이를 든 할머니를 믿고, 거대한 주먹으로 한방에 성을 날려 버리는 거인도 믿습니다. 그런데 안타깝게도 자기가 이런 동화 속 캐릭터처럼 전지전능하다고 생각합니다. 세월이 흘러 이 잔인한 세상에는 거인을 죽이려는 사람도 있고, 할머니의 요술지팡이는 언제든지 냉정한 현실 앞에서 힘을 잃을 수 있다는 사실을 깨달으면서 수차례 좌절할 것입니다. 하지만 곧 툭툭 털고 일어나 다시 앞으로 나아갈 것입니다. 양자리 아이야말로 둔하고 상상력 부족한 낡은 세상에 뭔가 보여 주는 사람인 거죠! 그 길을 가는 동안 상처가 좀 생기고 수도 없이 쓰러질지 모르지만 아이를 싸움터에서 빼내 오지는 마세요. 먼저 도와 달라고 외칠 때까지 기다리세요. 다만 좀 오래 기다려야 할 것입니다.

생일 선물은 잘 숨겨 두는 것이 좋습니다. 양자리

아이는 성격이 너무나도 급해서 깜짝 선물을 기다리는 일이 불가능하답니다. 산타클로스나 달토끼에 대한 환상을 너무 일찍 깨지 마세요. 일단은 맹목적으로 믿다가도 나중에 환상을 깨는 방법을 배우면서 마음이 강해지는 법입니다. 아이에게 필요한 교훈이지요. 용돈은 받자마자 주머니에서 바로 새어 나가 버리지만, 기꺼이 불쌍한 사람에게 마지막 남은 동전을 줄 수 있는 아이입니다. 양자리 딸이라면 옆집 개구쟁이들에게 개미를 밟지 않으면 매일 얼마씩 주겠다고 제안할지도 모릅니다. 어린 시절에 가혹할 정도로 엄격한 교육을 받고 자란 아이들은 방어적으로 잔인함을 보일 수도 있습니다. 하지만 부드럽게 잘 이끌어 주기만 한다면 자기의 권리를 좀 더 유순하게 주장할 줄 알게 되고, 친구들에게도 너그러울 뿐더러 연민을 느낄 줄도 알게 됩니다. 아이에게 명령하지 말고 항상 밝게 웃으며 일을 부탁하세요. 그러면 당신을 만족시키기 위해 몸이 부서지도록 애쓸 것입니다. 절대로 아이의 자신감을 꺾지 마세요. 양자리 아이에게 자신감은 숨 쉬는 공기와도 같습니다. 간혹 화성의 독립성이 일찍 발현되면 가출할 확률도 있지만, 더 현명해져서 돌아올 것입니다. 온순한 친구들을 지배하려 드는 것은 상냥하지 못한 행동이라고 일깨워 주세요. 양자리 아이는 불친절한 것을 매우 싫어하니까요.

양자리 아이는 냉정하고 부정적인 사람들 때문에 깊은 상처를 받기도 하지만, 그 어떤 것도 아이의 의지를 꺾지는 못합니다.(다이아몬드 기억하시지요?) 책을 무척 좋아해서 탁월한 독서가가 되기도 하지만, 몇 년이나 매여 있어야 하는 대학 생활에는 별로 관심이 없을지도 모릅니다. 양자리 아이는 자신을 얽매는 것들을 과감히 떨쳐 버리려고 합니다. 하지만 너무 일찍 포기하지는 마세요. 제도 교육의 틀을 벗어나 자유롭게 이런저런 일을 하면 할수록 아이는 학업을 열망하게 될 테니까요. 만학도가 되어 감성적인 열정과 날카로운 직관을 충족시켜 갈 것입니다.

책임감을 가르칠 때에는 따뜻한 애정에 직설적인 논리를 더해 주세요. 둘 다 양자리 아이에게 호소력이 있습니다. 양자리 아이는 칭찬을 먹고 자라기 때문에 칭찬을 들으면 갖은 노력을 다합니다. 반면 공격이나 지탄을 받으면 폭죽처럼 터져 버려서 다시 시도할 의욕을 완전히 상실해 버립니다. 부모님이나 학교 선생님은 이 사실을 절대로 잊지 마시기 바랍니다. 아이가 잘하고 있는 부분을 자주 얘기해 주면 당신이 좋아하지 않는 행동을 삼갈 것입니다. 양자리 아이는 주변의 기대에 부응합니다. 불타는 열정을 숨기고 침착하고 조용해 보이는 양자리 아이도 그렇습니다. 양자리 아이는 늘 바쁘게 만들어 주지 않으면 방황하다가 말썽을 일으키기도 합니다. 한가로움은 곧 위험이 되지요. 시행착오를 겪으면서 소진한 에너지를 보충하려면 잠도 무척 많이 자야 합니다.

양자리 아이는 새로운 세상을 여는, 용감하고 멋진 영웅 이야기를 좋아합니다. 하지만 동시에 요정도 믿고 소원을 이루어 주는 우물도 믿습니다. 결혼하고 자식을 낳고 손자를 볼 때까지도 믿습니다. 지속적인 사랑으로 이끌어 준다면, 양자리 아이는 불가능해 보이는 꿈을 실현할 수 있는 멋진 어른으로 성장할 것입니다.

양자리 사장

♈

유니콘이 말했다.
"그럼 이제 우리는 서로를 보았으니까,
네가 나를 믿으면 나도 널 믿을게. 그러면 됐지?"

양자리 사장은 게으른 직원들 사이에서는 인기가 없습니다. 잠시 일할 임시직을 원하거나 용돈이나 벌기 위해 소일거리를 찾고 있다면, 양자리 사장 밑에서는 일하지 않는 것이 좋습니다. 양자리 사장은 직원들이 성의도 없고 열정도 없이 일하는 것을 견디지 못합니다. 자기가 하는 것처럼 직원들이 헌신적으로 일하고 회사의 미래에 대해서도 고민하기를 바랍니다. 양자리 사장은 당신

을 재빨리 채용하고 승진도 빨리 시켜 주겠지만 당신의
단점에 대해서도 그만큼 빨리 지적해 줄 것입니다.

당신이 일을 설렁설렁 하고 있다는 의심이 들면, 양
자리 사장은 사심 없이 직설적으로 호되게 꾸짖겠지만,
당신이 잘못을 인정하고 더 열심히 하겠다고 약속하면
두 번이고 세 번이고 기회를 줄 것입니다. 양자리 사장
과 일할 때는 잦은 야근도 각오해야 합니다. 사장이 기
대하기 때문이지요. 반면에 전형적인 양자리 사장이라
면 당신이 아침에 지각을 하거나 점심 시간을 30분쯤
더 써도 시계를 보며 눈살을 찌푸리지 않을 것입니다.
자기도 시간을 엄수하는 타입이 아니거든요. 직원들 머
리에 스위치라도 달려 있어서 모두 아침 9시에 켜졌다
가 오후 6시에 꺼지는 게 아니라는 점도 이해합니다. 토
요일에 종종 추가근무를 요구하겠지만 야구 경기를 보
러 가고 싶을 때 장례식장에 간다고 둘러대는 것도 눈감
아 주는 사람입니다. 사실, 솔직하게 말해도 쉽게 허락
을 받을 수 있을 거예요. 양자리 사장은 나른한 봄날 갑
자기 회사를 땡땡이치고 야구장에 가고 싶은 충동을 이
해하니까요.

양자리 사장은 직원들의 휴가, 급여, 보너스 같은 문제에 있어서도 관대한 편입니다. 하지만 회사에 중요한 사안이 발생했을 때는 직원들이 내키지 않더라도 모든 개인 일정을 포기하고, 장거리 출장도 감수하고, 때로는 개인 물품도 내어놓기를 바란답니다. 제가 아는 양자리 사장이 어느 날 긴급 상황에 처했던 이야기를 해 드릴게요. 핵심 직원 한 명이 24시간 대기해야 하는 상황이 발생했는데, 그날은 공교롭게도 그 직원의 결혼식 날이었습니다. 그녀는 이미 신부 들러리 여섯 명을 초대했고, 부케와 반지는 물론, 300명을 위한 피로연도 준비해 놓은 상태였답니다. 양자리 사장은 백만 달러짜리 계약이 오가고 회사를 상장할 수도 있는 절호의 기회에, 그 직원이 신혼여행을 포함한 결혼식 일정을 미룰 수 없다는 것을 이해할 수 없었습니다. 본인은 이런 상황에서 자기 결혼식을 기꺼이 미룰 수 있는데, 직원들은 왜 못하는 걸까요? 도대체 뭐가 문제죠? 그렇게 성의가 없어서 어떻게 직원이라고 할 수 있을까요? 좀 극단적인 예이기는 하지만 양자리 사장에 대해서 감이 좀 잡히실 겁니다.

양자리 사장은 명절에 누구보다도 후하게 인심을

쓰는 편입니다. 양자리 기질이 얼마나 많은지에 따라 다르겠지만 다른 회사에 다니는 친구들보다 훨씬 더 많은 보너스를 받게 될 것입니다. 오래 전부터 갖고 싶었던 값비싼 선물을 기대해도 좋습니다. 양자리 사장 중에는 구두쇠가 거의 없습니다.(달별자리나 동쪽별자리가 충돌하는 경우에는 예외입니다.)

양자리 사장은 다른 별자리 사장들에 비해 아부가 잘 통하는 편은 아니지만 가끔 진심 어린 존경을 표해서 손해 볼 건 없습니다. 진심으로 감사하고 있으며, 회사를 효율적으로 경영하는 사장님을 리더 중의 리더로 여기고 있다고 알려 주세요. 그러면 직장을 잃을 염려는 없을 것입니다. 하지만 진심으로 그렇게 생각할 때만 말하세요. 속으로는 못미더워하면서 겉으로만 번지르르하게 칭찬을 늘어놓으면 양자리 사장의 멸시를 받을 것입니다. 양자리는 일반적으로 사람 보는 눈이 정확한 편은 아니지만 타인의 반응에 매우 민감하기 때문에 매일 매일 함께 지내는 사람들이 자기를 좋아하는지 싫어하는지 정도는 제대로 파악합니다. 양자리 사장은 사람들에게 사랑받고 싶어 한답니다. 겉모습만 보면 절대로 눈치 채지 못하겠지만, 용감하고 자신만만한 모습 뒤에는 주변 사람들에게 인정을 받고 싶은 간절한 마음이 있습니다. 당신을 포함해서 자기 아내와 애완견, 심지어 엘리베이터에서 마주치는 낯선 사람에게도 인정받고 싶어합니다. 겉으로 드러나는 독립적인 성격에도 불구하고 자기가 주위로부터 존경받고 또 능력 있는 사람으로 인정받을 때 큰 행복을 느낍니다. 반면에 자기를 위해 일하는 사람들이 자기의 방식을 인정하지 않거나 자기의 가치와 잠재력을 알아보지 못하고 있다는 생각이 들면, 양자리 사장은 우울해지고 변덕스러워지고 때로는 옹졸해집니다.

회사가 부도날 가능성이 있다는 소문이 들리더라도 서둘러 이력서를 다듬지 않아도 됩니다. 새로운 일자리가 필요하지 않을 테니까요. 회사를 곤경에서 구해 낼 사람, 최악의 상황에서 마지막 순간에 재정 위기를 해결할 사람, 모세처럼 기적을 행할 사람은 바로 양자리 사장입니다. 양자리 사장은 자립심이 강하고 대담한 사람입니다. 정서적으로 약간 어두운 면이 있는 전갈자리와는 달리, 양자리의 추진력은 활력이 넘치고 늘 이상적입니다.(전갈자리와 의지력을 겨룬다면 질 수도 있지만, 늘 그렇듯이 패배를 딛고 일어나 다른 분야에서 만회할 것입니다.)

양자리는 새로운 일을 좋아합니다. 당신이 실현 가능한 창의적 아이디어를 계속 제안한다면, 양자리 사장 밑에서는 가장 높은 직책까지도 승진할 수 있습니다. 양자리 사장은 회사에 대한 애정을 갖고 주체적인 의견을 제시하되 자신의 공을 내세우지 않는 직원을 높이 평가합니다.

양자리 사장의 가장 큰 특징으로 강력한 의지력을 꼽을 수 있습니다. 가벼운 질병 정도는 거뜬히 이겨 내며, 중병에 걸려도 쉽게 굴복하지 않습니다. 때로는 긍정적인 생각만으로도 병이 오는 것을 늦추거나 완전히 예방할 수도 있습니다. 고열을 동반한 독감에 걸려도 급한 업무가 있으면 출근을 하는 편인데, 회사에 도착할 무렵이면 열도 가라앉아서 의사들이 신기해하고 직원들은 사장이 꾀병이었을 거라고 의심할 정도입니다.

화성의 의지력은 정말 강력해서 양자리 사장은 도박에서도 운이 따르는 편이고, 경마장에 가면 사장이 돈을 건 말이 1등을 독차지하곤 합니다. 당신도 그런 강력한 마력의 영향권 안에 있을 테니 사무실에서 불꽃놀이처럼 신나고 화려한 일들이 벌어지기를 기대해도 좋습니다. 하루도 조용하게 지나가는 날이 없습니다. 늘 무슨 일인가 일어나지요.

양자리 사장에게 무기력함이란 찾아볼 수 없습니다. 당신도 무기력한 모습을 보이지 않는 게 좋습니다. 양자리 사장은 당신이 이전 회사에서 왜 실적이 안 좋았는지, 왜 해고당했는지에 대해서는 별로 관심이 없습니다. 그는 현재의 당신에게 투자하고 있습니다. 양자리 사장은 미래를 자기가 원하는 대로 만들 수 있다고 확신하며 과거에 연연해하지 않습니다. 당신의 과거든 자기의 과거든 마찬가지입니다.

양자리 사장은 자존심이 몹시 강해서 남들에게 상처받아도 태연한 척합니다. 순식간에 폭발하는 성격에도 불구하고 (오래 가지도 않고 앙심을 품지도 않고 곧 잊어버리기는 하지만) 상처받은 사실만큼은 드러내지 않습니다. 자기도 타인에게 의지할 때가 있다는 것을 인정하지 않으려 합니다. 양자리도 역시 타인을 필요로 하지만, 혼자서 해결해야 할 때에는 내면에 간직한 힘으로 방법을 찾아낼 것입니다.

당신이 양자리 사장의 활력과 용기를 높이 산다면, 사장이 서두르다 놓친 세부 사항을 꼼꼼하게 챙길 줄 안다면, 사장의 충동적이고 주먹구구식 일처리를 보완할 수 있다면, 또한 이런 일들을 생색내지 않고 조용히 처리할 줄 안다면, 사장은 당신에게 어느 회사보다도 높은 급여를 주고 평생 함께 일할 것입니다. 사장이 나중에 후회할 만한 행동이나 말을 하려고 하면 요령껏 막아 주세요. 사장이 지금 화를 퍼부으려는 대상이 매우 중요한 고객들이어서 사업에 막대한 타격을 입을 수 있다고 부드러운 목소리로 상기시켜 주세요.

양자리 사장에 대해서는 앞에서 열거한 것들을 기억해 두기 바랍니다. 양자리 사장이 탁월한 해결사이긴 하지만 그 열정으로도 해결할 수 없는 난관에 부딪히면 당신의 도움과 신뢰를 절실히 필요로 할 것입니다. 성심껏 도와주세요. 그러면 절대로 해고당할 일이 없을 것입니다. 비오는 날에 택시를 놓쳐서 지각해도, 수술 때문에 휴가를 1주일 더 써도 걱정할 필요가 없고, 젊고 유능한 직원이 당신 자리를 치고 올라올까 봐 전전긍긍할 필요도 없습니다. 양자리 사장은 의리에 의리로 보답합니다. 잦은 비상 사태에 대비하여 서랍에 두통약을 충분히 넣어 두고 얼굴에 미소를 잃지 마세요. 사장이 버럭 화를 내도 심각하게 받아들이거나 몰래 구인광고란을 살펴볼 필요가 없습니다. 이 활기찬 회사에 계속 남고 싶어질 테니까요.

양자리 직원

♈

"나는 아주 크고 분명하게 말했어.
가서 귀에 대고 소리쳤지.
그리곤 문이 잠겨 있는 걸 알고는
밀고 당기고 발로 차 문을 두드려 댔지."

"하지만 과거로 돌아가는 건 의미가 없어.
그때는 내가 다른 사람이었거든."

장래가 촉망되는 양자리 청년이 면접시험을 보러 왔습니다. 전형적인 양자리라면 면접은 이런 식으로 진행될 것입니다.

고용주 : 이력서를 보니 지난 2년 간 직장을 여섯 번이나 옮기셨네요, 부치카리스 씨?

양자리 : 그냥 찰리라고 불러 주십시오, 플래스먼 씨. 네,

저는 항상 자기발전을 위해서 노력해야 한다고 믿습니다. 일을 다 익히고 나면 더 이상 배울 것이 없고, 더 이상 배울 것이 없으니 회사에 기여할 것도 없습니다. 그렇다면 그 회사에 남아 있어야 할 이유가 없다고 생각합니다.

고용주 : 그래서 우려하는 것입니다, 차…… 아니 부치카리스 씨. 우리 회사에서도 곧 업무 파악이 되지 않겠습니까? 그리고 그때는 이미 우리가 당신에게 많은 돈을 투자한 상태겠죠.

양자리 : 그 점을 우려하실 거라고 생각했습니다만 걱정하지 않으셔도 됩니다. 귀사에 대해 조사를 해 봤는데, 제가 이 회사에서 이직을 고민하게 될 것 같지는 않습니다. 이 회사는 진정으로 노력하는 직원에게 다양한 기회를 제공할 회사라고 생각하기 때문입니다. 저는 늘 능력 있고 창조적이며 진보적인 경영진 밑에서 일해 보고 싶었습니다. 그런데 사실 그런 경영진은 매우 드물기 때문에 나른 회사로 가느니 이곳에서 기회를 보며 기다리는 것이 더 현명할 거라 생각됩니다.

말할 필요도 없이 고용주는 보기 드문 면접 장면에

충격을 받겠지만, 양자리 청년은 그 자리에서 바로 채용될 것입니다. 요즘처럼 직원들이 안정 지향적이고 직원 복지에만 민감한 시대에 회사에 대해 이렇게 진지한 열정을 가진 직원은 만나기 힘들기 때문입니다. 물론 그 당시에는 양자리 청년이 보여 준 엉뚱함이나 극도의 개인주의적 성향은 눈에 들어오지 않았지요.

양자리 직원을 채용하는 일은 파괴력 있는 미사일을 사들이는 것과 같습니다. 어디로 날아갈지 모르는 이 미사일을 어떻게 배치하는가에 따라 희비는 엇갈립니다. 최고의 선택이 될 수도 있고 최악의 골칫거리가 될 수도 있답니다. 그 양자리 직원을 9시부터 6시까지 일하는 틀에 박힌 업무에 배정하는 일은 없기를 바랍니다. 처음에는 좋은 인상을 주려고 열심히 하겠지만 머지않아 엉덩이가 들썩이고 불만이 쌓여 갈 것입니다. 매일 조금씩 출근 시간이 늦어지거나, 점심 시간을 길게 쓴다거나, 책상에 앉아 개인적인 전화통화를 하면서 자신의 불만을 명백하게 드러낼 것입니다. 이 모두가 위험한 징후들이지요. 양자리 직원은 회사에 꼭 필요한 인재이지만, 본인은 한없이 지루해합니다. 양자리가 지루해하면 순식간에 결점들이 튀어나와 장점들을 무색하게 만들어 버립니다.

가능하다면 양자리 직원에게 의사결정 권한을 주고 당신에게 직접 보고할 수 있도록 해 주세요. 그리고 사무실 분위기를 크게 해치지 않는다면 출근 시간도 마음대로 할 수 있게 해 주세요. 머지않아 그 직원은 오전 10시 넘어서 출근하기도 하고 점심 시간을 두 시간이나 쓰기도 하겠지만, 가장 늦게까지 일하는 모습을 보일 것입니다. 특히 처리해야 할 일들이 많을 때는 두말할 나위가 없습니다. 추가 업무를 부과해도 다른 직원들과는 달리 불평 한 마디 없이 의욕적으로 받아들일 것입니다.

양자리 직원은 필요한 경우라면, 혹은 흥미진진한 프로젝트가 진행 중일 때는 자정이 넘도록 일을 하는 탓에 아침에 출근하는 경비 아저씨보다는 밤에 일하는 청소부 아주머니와 더 친해질 것입니다. 그 직원은 퇴근 시간을 기다리며 시계를 쳐다보고 있지는 않습니다. 그런데 아침 10시 넘어 출근했다고 당신이 트집을 잡으면 적어도 그 직원 입장에서는 논리가 맞지 않겠죠.

양자리는 체질상 아무리 회사의 규정이라 할지라도, 빡빡하고 획일적인 일정에 맞출 수가 없습니다. 양자리의 넘쳐나는 창조적 에너지는 시간을 불문하고 분출되기 때문에 다른 사람이 정해 놓은 업무 시간에는 적응하지 못합니다. 때로는 개인적인 이유로 조퇴했다가 그날 밤 다시 사무실로 돌아오거나, 다음날 새벽 일찍 출근해서 못다 한 일을 마무리할 것입니다. 양자리가 정말로 참을 수 없는 것은 자기가 할 수 있는 것보다 완성도가 떨어지는 결과를 제출하는 일입니다. 꼼꼼하지도 않고 정해진 출퇴근 시간도 지키지 않지만 업무 성과가 너무나도 훌륭해서 그 직원을 버릴 수가 없습니다. 성공하겠다는 결연한 의지를 지닌 양자리 직원을 잘 활용하려면 화성인의 개인주의적 성향은 눈감아 주세요. 그럴 만한 가치가 있답니다. 당신이 그런 직원을 활용할 능력이 있고 인내심만 있다면 양자리 직원은 회사에 큰 도움이 될 것입니다.

양자리 직원은 결코 돈 때문에 일하지는 않습니다. 자존심과 자신의 가치에 걸맞은 급여를 요구하겠지만, 돈 자체가 중요하지는 않습니다. 양자리 직원은 성공을 위해 일하지, 돈을 위해 일하지 않습니다. 양자리 직원은 수입보다 지출이 많은 편이라서 자주 돈을 빌릴 수도 있습니다. 하지만 양자리 직원은 특별수당보다는 특별한 격려를 받을 때 더 많은 결과물을 만들어 냅니다. 물론 다른 부서의 일에 참견하려는 성향은 약간 조절해 주어야 할 것입니다. 양자리 직원의 머릿속은 회사의 모든 직원들이 보다 빨리 목표에 도달할 수 있는 아이디어로 가득 차 있습니다. 그 직원이 시도 때도 없이 그런 주제넘은 제안을 내놓을 때 당신이 얼굴을 붉히지 않고 잘 들어 준다면 회사 발전에 기여할 만한 근사한 아이디어를 얻게 될 것입니다.

양자리 직원에게는 활동적인 업무를 맡겨야 합니다. 밖에 나가서 회사를 홍보하고 사람들과 교류하는 업무가 좋습니다. 책상에 앉아 다른 직원이 지켜보는 환경에서 매일 똑같은 일을 반복해야 하는 업무는 전혀 맞지 않습니다. 양자리는 자기보다 능력이 뛰어난 사람은 거의 없다고 믿기 때문에, 그가 기꺼이 지시를 따를 수 있는 사람은 아주 소수입니다. 양자리 직원은 사장인 당신이 바로 그런 사람이라고 생각할 것입니다. 아니면 이에 처음부터 당신 밑에서 일할 생각을 안 했을 테니까요. 일단 당신이 자기를 이해하고 자기의 노고에 대해 고마워한다는 확신이 들면, 가장 충성심 높고 성실한 직원이 될 것입니다. 반대로 양자리 직원을 소홀하게 대우하면, 그는 마지못해 일하면서 별다른 성과를 내지 않을 것입니다.

양자리 직원은 높은 자리에 오르고 싶어 하지만 물론 처음부터 그럴 수는 없겠죠. 밑바닥에서부터 새로운 업무를 익히며 시작해야 한다면, 뭔가 중요해 보이고 책임 있는 일을 하나 맡기세요. 그러면 적어도 스스로는 가장 중요한 사람이라고 생각할 것입니다. 양자리 직원의 체면을 살려 주는 방법이죠. 양자리 직원이 최선을 다하게 하려면, 자기 없이는 회사가 굴러가지 않는다고 느끼게 해 줄 필요가 있습니다. 양자리는 타고난 세일즈맨입니다. 그 직원은 자기 아내와 친구들, 택시 운전사, 웨이터뿐만 아니라 수영장이나 영화관에서까지 자신의 이야기를 들어 주는 사람만 있다면 업무 시간이 아니더라도 열과 성을 다해 회사를 홍보할 것입니다. 자기의 부동산 중개인에서부터 보험설계사까지 모두 당신 회사에 대해 열광적인 지지자로 만들 것입니다. 양자리 직원은 새로운 거래처를 트거나, 가망 없어 보이는 고객을 붙잡거나, 당신의 야심찬 대형 프로젝트를 궤도에 올리는 일도 (사자자리를 제외한) 누구보다 잘해 낼 것입니다.

특히 당신이 자기에게 의지하고 있다는 생각이 들면 더욱 그럴 것입니다.

설령 회사에 재정적인 문제가 있다고 해도 양자리 직원은 쓰러져 가는 회사를 그냥 버릴 사람이 아닙니다. 끝까지 당신 곁에 남아 위기를 함께 넘기고 어떻게 해결해 나갈지 의견을 제시할 것입니다. 양자리 직원은 본인을 포함해서 자기가 믿고 있는 사람이든 일이든 실패할 수 있다는 생각을 하지 않습니다. 이러한 특징은 회사가 어려운 시기에 큰 도움이 될 것입니다.

양자리 직원은 휴일에 일을 시키거나, 비상 상황에 급여를 일시적으로 삭감하거나, 휴가를 낸 직원의 업무를 대신 맡겨도 불평하지 않을 것입니다. 그저 진심으로 고마워하고 있다는 것만 알게 해 주면 됩니다. 당신이 그렇게 열렬하게 지지하는데 무슨 일인들 못하겠습니까? 양자리 직원의 공을 절대로 다른 사람에게 돌리지 말고, 아침에 지각해도 눈치를 주지 마세요. 양자리 직원 앞에서 다른 직원들을 너무 칭찬하지도 말고, 그의 실수에 대해서는 너무 나무라지 마세요. 특히 다른 직원들 앞에서는요. 그리고 절대로 양자리 직원이 현재 상태에 그대로 머물러 있기를 바란다는 인상을 주면 안 됩니다. 그러면 초조해하고 좌절하기도 하며 게을러질 것입니다. 무기력해진 양자리 직원을 당신이 해고할 필요는 없습니다. 그 직원이 먼저 그만둘 것입니다. 양자리를 야단칠 필요는 거의 없습니다. 자기의 타고난 성급함과 충동적인 성향 때문에 저지른 실수를 스스로 깨닫는다면 먼저 사과할 것입니다. 그리고 그 실수를 반복하지 않으려고 진심으로 노력할 것입니다. 그런 시도가 늘 성공적이지는 않지만 어쨌든 시도하는 것 자체는 높이 평가할 만합니다. 너무 서두르지 말고 너무 자만하지도 말라고 개인적으로 조심스럽게 타이르고 싶겠지만 양자리 직원의 사기를 꺾어서는 안 됩니다. 잘 통하지도 않을 뿐더러, 참신하고 소중한 낙관주의자를 영원히 잃게 될지도 모른답니다.

당신이 양자리 직원의 재능을 알아봐 주면 그는 자기를 더 발전시키기 위해 말 그대로 죽도록 노력합니다. 그리고 양자리 직원을 비판하면 절대로 좋은 결과를 얻을 수 없습니다. 그 분야에 오랫동안 종사한 전문가들의 의견이 어떻든 간에 양자리의 직감은 틀리는 경우보다 맞는 경우가 더 많습니다. 양자리는 과거에 집착하는 사람들이나 미래에 모든 희망을 걸고 있는 사람들에게 휘둘리지 않습니다. 이들은 현재에 대하여 명확하게 이해할 수 있는 신기한 능력을 가지고 있답니다. 자신이 옳다는 신념 때문에 가끔 거만한 태도를 보이기는 하지만, 그래도 양자리 직원의 이야기를 경청하는 것은 가치 있는 일입니다.

최대한 빨리 양자리 직원의 급여를 올려 주고 승진시켜서 그가 업무를 잘해 내고 있으며 사장인 당신 또한 만족하고 있다는 것을 알려 주어야 합니다. 무슨 수를 써서라도 혼자 일하게 하거나 다른 직원들을 이끄는 자리에 앉혀야 합니다. 그리고 당신의 동료라고 느끼게 해 주세요. 어떤 식으로는 자신이 중요한 사람이라는 느낌을 받을 때, 일의 종류를 불문하고 막대한 공헌을 할 수 있는 사람입니다. 그 열정과 이상에 누군가 제동을 걸면, 양자리 직원은 순식간에 흥미를 잃고 낙담하여 다른 사람에게 자리를 내주고 물러납니다. 유능한 직원을 하나 잃게 되는 셈이죠. 양자리 직원이 스스로 일을 기획하고 추진할 수 없는 여건에서 일한다면 그 자신과 주위 사람들에게 아무런 보탬도 되지 않습니다. 조리 있는 말과 친절한 태도가 양자리 직원의 마음을 움직이는 열쇠입니다.

타고난 혁신가이자 리더인 양자리는 어떤 분야나 직업에도 잘 적응합니다. 특별히 잘하는 종목이 정해져 있지 않습니다. 농장, 경찰서, 소방서, 병원, 어디에 있든 간에 자신이 대장이어야 한다는 점이 중요합니다. 영업을 할 수 있는 기회가 많다는 점에서 광고나 홍보 분야도 매력적입니다. 양자리 직원은 물 만난 고기처럼 그 일에 빠져들 것입니다. 어떤 분야에 배치하든 양자리 직원의 넘치는 에너지와 자부심을 수용할 수 있을 만큼 융통성 있는 환경이라면 쉽게 자리 잡을 것입니다.

자기의 욕구를 차분하게 잘 통제하는 양자리도 있습니다만, 그렇다고 그 직원을 휘어잡을 수 있다는 착각은 하지 않기를 바랍니다. 그건 꼬마들에게나 가능한 일이지 양자리 직원에게는 그렇지 않습니다. 양자리 직원의 자리는 언제나 최전방입니다. 그의 능력을 잘 활용하기만 하면 당신에게 엄청난 돈을 벌어다 줄 것이고, 특히 회사가 어려울 때에는 흔들리지 않는 충성심을 보여줄 것입니다. 주변을 둘러보면서 비교해 보세요. 당신이 부담하는 비용에 비해서 이만한 가치를 돌려주는 직원은 별로 없을 것입니다.

당신은 끝없는 우주입니다

바빌론까지는 얼마나 멀어요?
60마일하고도 10마일 더 가야지.
촛불만 들고 갈 수 있을까요?
물론이지, 돌아올 수도 있는 걸!
—마더구스 중에서

마더구스의 순백색 깃털을 흔들고 그 이상한 주파수에 채널을 맞추면, 지혜로운 마더구스가 비밀을 보여 줄지도 모릅니다. 언뜻 유치하게 들리는 마더구스의 자장가에는 숨은 보석 같은 지혜가 담겨 있을 것입니다.

바빌론이 얼마나 멀리 있냐고요? 칼레도니아의 샌들 신은 사람들의 시대나 보석을 걸치고 향수를 뿌린 이집트 파라오의 시대에서부터 우주 시대까지는, 혹은 사라진 아틀란티스 대륙 시대에서부터 제트 항공기 시대인 21세기까지는 어마어마한 시간의 흐름이 있다는 것을 알겠습니다. 하지만 실제로 그 시절이 얼마나 멀리 있는 걸까요? 어쩌면 한두 번 꿈을 꾸고 나면 닿을 수 있는 거리인지도 모릅니다.

과학 분야 중에서 유일하게 천문해석학만이 그 오랜 세월 동안 온전하게 이어져 오고 있습니다. 그 세월 동안 변치 않고 우리 곁에 남아 있다는 사실에 놀랄 필요는 없습니다. 천문해석학은 진실이고, 진실은 영원하니까요. 문명이 처음 생길 때부터 마치 모든 여성들과 남성들의 목소리가 메아리치듯이 오늘날 현대에도 똑같은 말이 반복되고 있지요. "금성이 당신의 지배행성인가요?", "저는 황소자리로 태어났어요.", "당신의 수성도 쌍둥이자리인가요?", "그 사람이 물병자리인 걸 모르시겠어요?"

천문해석학은 우리에게 행성 탐험이라는 흥미로운 미래를 마련해 주는 동시에 우리를 아련한 과거와 연결해 주는 황금 끈입니다. 과거에 황당한 미래 사회에 대한 글을 쓰거나 영화를 만들었던 사람들이 사실 몽상가가 아니었음이 증명되고 있습니다. 너무나도 환상적인 영화 〈벅 로저스〉*는 모든 분야의 과학보다 진보한 이야기를 다루었으며, 이 우주에는 우리가 상상하는 것보다 훨씬 많은 것이 존재한다는 사실을 일깨워 주었습니다. 만화책 주인공이었던 딕 트레이시가 사용했던 양방향 손목 무전기는 이제 더 이상 환상이 아니라 현실이 되었지요. 문 메이드**의 가장 강력한 무기는 레이저 광선이라는 기적과 맞아떨어지면서 납을 물처럼 흐르게 하고 인간이 알고 있는 어떤 단단한 물질도 뚫을 수 있게 되었습니다. 쥘 베른Jules Verne과 플래시 고든Flash Gordon은 상당히 매력적인 예언가로 평가받고 있습니다. 바다 속 심연과 그보다 훨씬 먼 지구 위 하늘에는 중요한 비밀이 숨어 있다는 사실도 이제는 과학으로 밝혀졌지요.

공상과학 작가나 만화가가 연구실에 있는 과학자보다 과거와 현재 그리고 미래 사이의 실제적인 거리감에

---

* 벅 로저스(Buck Rogers): 1939년 미국에서 제작된 공상 과학 영화.

** 문 메이드(Moon Maid): 에드거 라이스 버로스의 판타지 소설 『The Moon Maid』의 주인공.

대해 더 잘 알고 있는 걸까요? 아인슈타인 박사는 시간이 상대적이라는 사실을 알아냈습니다. 시인들도 항상 알고 있었고, 과거로부터 전해 내려오는 현자들도 알고 있었습니다. 그 메시지는 새로운 것이 아니었죠. 요즘처럼 천문해석학에 관심이 쏟아지기 훨씬 이전에도 플라톤, 톨레미, 히포크라테스, 그리고 콜럼버스는 천문해석학의 지혜를 존중했고 갈릴레오, 벤 프랭클린, 토머스 제퍼슨, 아이작 뉴턴, 그리고 카를 융 같은 사람들도 천문해석학을 가까이했습니다. 존 퀸시 애덤스 대통령도 그 중 한 명이며 위대한 천문학자 튀코 브라헤, 요하네스 케플러도 추가해야 합니다. RCA* 회사의 천재 연구원 존 넬슨, 그리고 퓰리처 수상에 빛나는 존 오닐 등도 있습니다. 이들 모두 고등교육을 받은 사람들이지요.

1953년 노스웨스턴 대학의 프랭크 브라운 주니어 교수는 굴을 가지고 실험을 하는 과정에서 정말 놀라운 사실을 발견했습니다. 지금까지 과학계에서는 굴이 껍

---

* RCA(Radio Corporation of America): 1932년 설립된 미국의 전자 기업으로 미국 내에 라디오와 텔레비전을 보급했다. 1986년 제너럴 일렉트릭(GE)에 인수되었다.

데기를 열고 닫는 주기는 태어난 장소의 조수간만 주기를 따른다고 추정해 왔습니다. 하지만 브라운 박사가 롱아일랜드 해협에서 채집한 굴을 일리노이 주의 에반스턴에 있는 연구실 수조에 가져다 놓았을 때 이상한 일이 벌어졌습니다.

굴을 옮겨 놓은 곳은 항상 일정한 온도를 유지하고 늘 희미한 조명을 켜 둔 상태였습니다. 처음 2주 동안 그 옮겨진 굴은 1000마일 떨어져 있는 롱아일랜드 해협의 조수간만에 따라 껍데기를 열고 닫았습니다. 그러다 갑자기 껍데기를 굳게 닫고는 몇 시간 동안 그대로 있었습니다. 굴이 향수병으로 인해 껍데기를 닫아 버렸다고 브라운 박사 연구팀이 결론 내리려고 할 즈음 이상한 일이 생겼습니다. 굴이 다시 껍데기를 연 것입니다. 롱아일랜드 해협 밀물 시간에서 정확하게 4시간 뒤인 에반스턴 밀물 시간에, 마치 해변에 있는 굴처럼 껍데기를 열었습니다. 새로운 주기가 시작되있습니다. 자신의 리듬을 새로운 지리적 위도와 경도에 맞췄습니다. 도대체 어떤 힘이 작용했을까요? 물론 달의 힘이죠. 브라운 박사는 굴의 에너지 주기가 밀물과 썰물을 통제하는 신비한 달의 신호에 의해서 움직인다고 결론 내릴 수밖에 없었습니다.

이와 마찬가지로 인간의 에너지와 정서적 주기도 여러 행성들로부터 오는 훨씬 더 복잡한 전자기 네트워크에 영향을 받습니다. 과학계에서는 달의 인력으로 인해 바다에서 조수간만의 차가 발생하는 것으로 인식하고 있습니다. 신체의 70퍼센트가 물로 구성되어 있는 인간이 그런 강력한 행성의 인력에 영향을 받지 않을 수 있을까요? 우주 비행사들이 행성에 다가갈 때 느끼는 엄청난 전자기력의 영향은 익히 알려진 사실입니다. 달의 인력은 여성들의 월경 주기나 출산에도 영향을 미친다고 알려져 있고, 정신병원 환자들이 달의 영향을 받는다는 의사와 간호사들의 반복되는 증언도 있습니다. 보름달이 뜨는 날에는 경찰도 힘들어한다는 얘기를 들어 보셨는지요? 농사력에 나오는 조언을 무시하고 지지대를 박거나 돼지를 잡거나 작물을 심는 농부가 있을까요? 달과 행성들의 움직임은 의회에서 논의하는 세금 문제만큼이나 중요한 문제입니다.

모든 행성 중에서도 달의 인력이 가장 두드러지고

극적인데, 그것은 달이 지구에서 가장 가깝기 때문입니다. 하지만 태양을 비롯해서 금성, 화성, 수성, 목성, 토성, 천왕성, 해왕성, 명왕성도 아주 멀리서 그 영향력을 분명히 행사하고 있습니다. 과학자들은 식물과 동물이 어떤 규칙적인 주기에 영향을 받는다는 사실을 인식하고 있는데, 그 주기는 바로 공기 중에 있는 자장이나 기압의 변동 그리고 중력과 같은 힘에 의해서 결정된다고 합니다. 지구에 영향을 미치는 이러한 힘은 별의 보이지 않는 파장이 날아오는 우주에서부터 비롯됩니다. 달의 변화, 감마선·우주선·엑스선 샤워, 배 모양 전자기 파장의 맥동, 그리고 외계로부터 오는 여타의 영향력들은 우리를 둘러싸고 있는 대기권을 지속적으로 뚫고 쏟아져 내리고 있습니다. 지구상에 있는 어떤 생명체나 광물도 그것을 피할 수 없으며 우리 인간도 마찬가지입니다.

예일대 의대 해부학 박사인 해럴드 버는 복잡한 자기장이 인간의 출생 시에 어떤 패턴을 형성하는 것뿐만 아니라 사는 동안 그 패턴을 통제한다고 언급했습니다. 버 박사는 또한 인간의 중추신경계는 전자기 에너지를 매우 잘 흡수하는, 자연계에서 가장 예민한 기관이라고 말했습니다.(인간은 굴보다 좀 더 멋있게 걷기는 하지만 굴과 똑같은 진동 소리를 듣는다는 말이지요.) 또한 우리 뇌 속에 있는 세포 10만 개는 전기가 흐를 수 있는 무수히 많은 회로를 형성하고 있습니다.

그러므로 우리 몸과 뇌 속에 있는 미네랄과 화학 물질 및 전기적인 세포는 태양의 흑점, 일식 그리고 행성의 움직임에서 발생하는 모든 영향에 반응합니다. 인간도 다른 모든 살아 있는 유기체와 마찬가지로 우주의 끊임없는 밀물과 썰물에 반응합니다. 하지만 인간은 고유의 자유의지가 있기 때문에 그런 외부의 영향력에 구속될 필요는 없습니다. 다시 말해서 우리의 정신은 이러한 행성들의 영향보다 더 우위에 있다는 뜻입니다. 그러나 불행하게도 우리 대부분은 자유의지(정신의 힘이지요.)를 사용하지 못하고 있고, 우리의 운명을 미시건 호수나 옥수수자루만큼이나 제어하지 못하고 있습니다. 천문해석가의 목표는 사람들이 인생의 급류에 그냥 쓸려 다니지 않고 그 흐름에 맞서 싸우는 방법을 얻도록 도와주는 것입니다.

천문해석학은 과학인 동시에 예술입니다. 비록 많

은 사람들이 그 기본적인 사실을 무시하고 싶어 하지만 결코 간과할 수 없습니다. 많은 천문해석가들은 사람들이 천문해석학과 관련한 직감만을 언급하는 것에 대해 분노하고 있습니다. 천문해석가들은 직감과의 연관성을 언급하는 말에 대해서 '천문해석학은 수학에 기초한 정확한 과학이다. 절대로 직감력과 동일선상에서 언급되어서는 안 된다.'라고 강력하게 주장합니다. 저는 그들의 의견도 진정성이 있다고 생각하지만, 왜 그 두 가지를 전혀 다른 것으로 구분해야 하는지 계속 의문이 듭니다. 오늘날에는 문외한들도 자신의 초능력을 알아보기 위해서 책이나 게임 또는 연구 실험을 시도하고 있습니다. 천문해석가라고 그러지 말아야 한다는 법은 없습니다. 육감을 가지고 있거나 개발하고 있는 소수의 사람들을 닭이 머리를 모래에 숨기듯 모른 척해야만 할까요?

천문해석학의 출생차트 계산이 수학적 데이터와 천문학직 사실에 근거한다는 점을 고려한다면 천문해석학은 정확한 과학입니다. 의학도 사실과 연구에 기초한 과학입니다. 그럼에도 불구하고 모든 훌륭한 의사들은 의학이 또한 예술이라는 점을 인정하고 있습니다. 의사들은 직감적 진단을 하는 동료들이 있다는 것을 인식하고 있습니다. 내과 의사들은 개인마다 정도의 차이는 있지만 의학적으로 입증 가능한 사실을 해석함에 있어서 그들에게 막대한 도움을 주는 예민하고 특별한 감각이 있다고 말할 것입니다. 의학적 이론을 종합하여 환자의 개인 이력과 관련된 실험 결과를 해석하는 것은 공식처럼 미리 결정되어 있지 않습니다. 의사의 직감적 통찰력이 없이는 불가능한 과정입니다. 그렇지 않다면 의학은 그냥 전산화하면 그만일 것입니다.

음악도 또한 엄격한 수학 법칙이라는 과학적 토대가 있는 분야로, 코드 진행에 대해 공부해 본 사람이라면 누구나 알고 있을 것입니다. 간주곡들은 논쟁의 여지 없이 수학적 비율에 의해 결정됩니다. 하지만 음악 역시 예술이지요. 누구나 〈월광〉이나 〈바르샤바 협주곡〉을 배울 수는 있지만 벤 클리번의 연주가 다른 사람들과 다른 것은 그 감각 또는 직감적 통찰력의 차이일 것입니다. 음표와 화음은 언제나 수학적으로 정확하게 똑같습니다. 하지만 그에 대한 해석이 다른 것이죠. 이것이 바로 과학이라는 단어의 정의와는 전혀 관계가 없는 명확한 현실입니다.

천문해석학을 남에게 가르칠 수 있을 정도로 아주 훌륭하게 공부하는 지적인 사람들도 있지만, 천문해석학이라는 과학을 예술의 경지로 끌어올릴 수 있는 감각적 해석이나 직감적 통찰력을 겸비하는 사람은 많지 않습니다. 물론 정확하고 도움이 될 만한 천문해석학 분석을 제공하기 위해 심령술사나 영매가 될 필요는 없지만, 천문해석가의 직감력은 분명히 출생차트를 종합하고 분석하는 데에 도움을 주는 자산이 됩니다. 물론 그런 직감력이 있는 천문해석가도 기본적으로 수학 계산에 능숙해야 하며 자신의 예술에 있어 과학적인 기본 사항을 엄격히 준수하는 태도가 있어야겠죠. 그런 천문해석가는 의식적인 능력과 무의식적인 능력을 잘 조합하여 사용하기 때문에, 당신은 유능하고 전문적인 천문해석가들을 두려워할 필요가 없습니다. 오히려 그런 사람을 만날 수 있다면 행운이지요. 어떤 분야에서든 예민한 통찰력을 보유한 사람은 드물답니다.

요즘에는 천문해석학의 인기가 높아지면서 갑자기 돌팔이 천문해석가들이 많이 나타났지만, 정말로 필요한 제대로 된 천문해석가와 스승은 많지 않습니다. 가까운 미래에는 천문해석가가 유수의 대학에서 '별의 과학'을 전공한 전문가로 인식될 날이 올 것입니다. 행성들이 인간의 행동에 미치는 영향에 대한 중요한 연구는, 옛날 유럽에서 그랬던 것처럼 주요 대학에서 교과목으로 가르치게 될 것입니다. 천문해석학을 가르치고 연구할 수 있는 능력이나 개인차트를 분석할 수 있는 능력이 출생 차트에 나타나는 학생들만 받게 될 것이며 그 과정은 법대나 의대만큼이나 어려울 것입니다. 자기장, 기후 조건, 생물학, 화학, 지질학, 천문학, 수학, 사회학, 비교종교학, 철학, 심리학도 공부해야 하고 천문 차트를 계산하는 방법과 해석하는 방법도 공부해야 하며 졸업생들은 천문해석가(D.A.S: Doctor of Astral Science)라는 자격을 부여받아야 간판을 걸 수 있을 것입니다.

현재의 연구 단계에서 초보자들이 천문해석학에 가장 안전하고 타당하게 접근할 수 있는 방법은 열두 개 태양별자리에 대해 완벽하게 공부하는 것이며, 이것은 마치 응급조치나 건강 상식을 공부해서 의학이론에 익숙해지는 것과 마찬가지입니다.

언젠가 인류는 천문해석학, 의학, 종교, 천체물리학, 정신과학이 모두 하나라는 사실을 발견할 것입니다. 그 모든 것이 합쳐져야 비로소 완벽한 전체를 이루게 됩니다. 그때까지 각 분야는 조금씩의 결함을 가지고 있을 것입니다.

천문해석학에는 서로의 의견이 충돌하는 혼란스러운 부분이 있습니다. 바로 환생에 대한 의견입니다. 오늘날에는 누구나 긍정적이든 부정적이든 윤회설에 대한 의견이 있을 것입니다. 물병자리 시대로 들어가는 20세기에는 여기저기에서 점괘판이나 잔 딕슨*에 대한 이야기를 듣게 됩니다.

전문적인 천문해석가들은 윤회설 또는 카르마를 바탕에 깔고 해석하지 않으면 천문해석학은 불완전한 것이라고 믿고 있고, 저 또한 그렇습니다. 윤회설을 강하게 부인하는 사람들이, 특히 천문해석학이 상대적으로 낯선 서양에 많이 있습니다. 천문해석학을 활용하기 위해서 반드시 환생 이론을 받아들여야 하는 것은 아닙니

---

* 잔 딕슨(Jeanne Dixon, 1904~1997): 미국의 유명한 점성가이자 심령술사.

다. 또한 전생 혼의 존재는, 아무리 논리적으로 설명하더라도 과학적으로 규명된 적이 한 번도 없습니다.(문서로 남긴 설득력 있는 정황 증거와 성경이 있기는 합니다.) 환생은 그 특성상 확실하게 손에 잡히는 증거를 영원히 확인할 수 없을지도 모릅니다. 고대인은 진화한 영혼이 끊임없이 다시 태어나는 환생 주기를 끝내려면 카르마의 진실을 추구하는 단계에 도달해야만 한다고 가르쳤습니다. 그러므로 환생을 믿는 것은, 우주에서 환생이 존재하고 있다는 것과 현생의 삶에서 그 카르마가 말하는 의무가 어떤 의미인지 찾을 수 있는 진화한 영혼에게는 선물이자 보상입니다. 그 깊은 신비가 증명되면 개개인이 스스로의 의지로 그것을 발견하기 위해 애쓸 필요가 없어지기 때문에, 영원히 증명되지 않고 각자 자신의 마음속에서 환생에 대한 답을 찾아야 하는지도 모릅니다. 하지만 스스로 찾기 위해서는, 다른 사람들이 무엇이 거짓이고 무엇이 참인지 발견해 놓은 지식을 배워야만 할 것입니다. 놀라운 예언가인 에드거 케이시에 대한 책이 호기심 많은 초심자들의 이해를 도울 만하고, 환생에 대해서는 훌륭한 책들이 많이 나와 있으니, 몇 권 골라서 본다면 여러분이 스스로 환생이 고려할 만한 가치가 있는 주제인지 아니면 단순한 사술인지 생각을 정리하는 데에 도움이 될 것입니다. 이것이 우리가 직접 찬반양론을 철저하게 조사하고 삶과 죽음에 대한 문제에 접근하는 유일한 방법일 것입니다.

현대에는 보이지 않는 영향력에 대한 관심이 새롭게 일어나고 있으며, 독심술에 대한 관심이 그 좋은 예라고 할 수 있습니다. 미국항공우주국에서는 지구와 우주 비행사 사이의 통신이 두절되는 상황에 대비하기 위해 막대한 자금을 투자하여 선별된 우주 비행사들을 대상으로 감각적 인식을 통해 메시지를 전달할 수 있는지 확인하는 초감각적 지각 실험을 진행하고 있습니다. 이런 연구 분야에서 러시아가 미국보다 훨씬 앞서 있는 것으로 전해지는데, 이것을 보면 독단적이고 물질주의적인 사고를 배제해야 하는 이유를 알 수 있습니다.

사람들 사이의 이런 보이지 않는 파장에 대한 성공적인 실험결과 덕분에 의사들도 관심을 가지게 되었습니다. 의학계는 암이나 패혈증, 인두염과 같은 질병이 정신적·감정적 긴장으로 유발된다는 사실을 오래 전부터 인정해 왔으며, 오늘날에는 환자의 성향이 암의 진전과 분명한 관계가 있다는 이론을 확립하고 있습니다. 최근 기사에서는 저명한 의사들이 정신과 의사들과의 협력을 통해 어떤 환자가 질병에 예민한지 사전에 확인해서 질병을 조기에 치료하거나 예방할 수 있도록 해야 한다는 주장이 나왔습니다. 하지만 천문해석학에서는 질병이 정신과 감정에 의해 발생하며 그러므로 정신과 감정을 통해 통제하거나 제거할 수 있다는 것을 오래 전부터 인지해 왔습니다. 또한 특정 행성의 영향을 받는 순간에 태어난 사람은 특정 질병이나 사고에 노출될 확률이 높거나 또는 반대로 면역성을 가지고 있다는 사실 또한 알고 있었습니다. 환자의 출생차트 상에 행성들의 위치와 각도를 보면 의학에서 찾는 지식을 잘 알 수 있답니다.

고고학과 인류학에서 발견한 내용에 의하면 고대 이집트에서는 천문해석가이자 의사인 사람들이 고도의 기술로 뇌수술을 했던 것으로 밝혀졌습니다. 오늘날에도 진보적인 의사들은 고대 그리스 의사들이 했던 방법을 따라 달이 이동하는 별자리를 남몰래 체크하기도 합니다. 고대 의사들은 히포크라테스 계율에 따라 '달별자리에 해당하는 신체 부위나 달이 90도 혹은 180도를 맺는 신체 부위에는 칼을 대지 않는다.'라는 내용을 실천했습니다. 의학적인 천문해석학과 그 가치에 대해서는 질병의 원인과 예방 차원에서 논의해야 할 부분이 많고 또한 워낙 방대한 주제이므로 별도의 책에서 다루어야 할 것입니다.

　의학계뿐만 아니라 일부 여행사나 보험 회사, 항공사에서도 치명적인 항공기 충돌 사고가 탑승객과 승무원의 출생차트와 관계있는지 은밀하게 조사하고 있습니다. 우리는 고대의 지식으로부터 물질적 사고 방식으로 후퇴했다가 많은 시간이 흘러 다시 진실로 나아가고 있습니다. 세월이 흐르면서 행성들은 그 장엄하고 확고한 궤도를 변함없이 유지하고 있습니다. 고대 바빌론의 하늘과 베들레헴의 하늘에서 빛나던 별들은 지금도 엠파이어스테이트 빌딩 위에서 또는 동네 뒷산 하늘 위에서 여전히 빛나고 있습니다. 그 별들은 수학적으로 정확한 주기를 가지고 있고, 여전히 인간을 포함한 이 지구 위에 있는 모든 생명체에 영향을 미치고 있으며, 지구가 존재하는 동안에는 앞으로도 변함없이 그럴 것입니다.

천문해석학은 운명론이 아니라는 점을 항상 기억해 주시기 바랍니다. 별은 어떤 경향을 부여할 뿐 강요하지는 않습니다. 우리 대부분은 행성과 출생차트의 영향뿐만 아니라 주변 환경과 물려받은 유전적인 환경에도 맹목적으로 순종해야 하고 이러한 환경의 힘이 우리보다 더 강력하다고 생각하는 경향이 있습니다. 우리가 이런 모든 요소들에 대해 통찰력이 없기 때문에 저항도 하지 않는 것이죠. 그럴 때, 우리의 별자리는 마치 지문처럼 우리에게 맞아떨어집니다. 우리는 우리를 움직이는 그 힘을 경멸하든 무시하든 간에 인생이라는 체스 게임에서 말처럼 움직여집니다. 하지만 누구든 태어날 때의 환경상의 어려움은 극복할 수 있습니다. 우리의 의지력이나 정신력을 이용하여 누구든 자신의 기분을 조절하고 인성을 변화시키고 자신의 환경과 태도를 제어할 수 있습니다. 이렇게 할 수 있을 때 우리는 비로소 체스판의 말이 아니라 그 말을 움직이는 주체가 됩니다.

당신은 "나는 태어날 때부터 그런 힘이나 능력이 없어."라고 말하면서 별을 따르는 것을 주저하시는지요?

당신은 보이지도 들리지도 말하지도 못하는 자신을 극복하기 위해 심원한 내면의 의지력을 발휘했던 헬렌 켈러보다 더 많은 것을 가지고 태어났습니다. 헬렌 켈러는 자신의 출생차트 상의 어려운 요소들을 명예, 부, 존경 그리고 수많은 사람들에 대한 사랑으로 바꾸었으며, 그렇게 행성들의 영향력을 극복했습니다.

두려움 때문에 내일을 바라보지 못하시나요? 무지개에 닿기도 전에 우울함과 비관주의가 당신의 무지개를 회색빛으로 물들이나요? 미국 영화배우였던 퍼트리샤 닐은 우울함과 불안함을 강철 같은 정신력으로 탈바꿈시켰습니다. 그녀는 비극 앞에서도 미소를 보였고 그 미소는 치명적인 마비 증상까지도 날려 버릴 만큼 충분한 감정적인 에너지를 발산해서 의사들도 깜짝 놀라게 만들었지요.

신문 지상에서 떠들어 대는 것처럼 미국이 냉전 시대, 국민적 혹은 국제적 몰이해, 범죄율 증가, 불평등, 편견, 도덕적 해이, 윤리 상실, 그리고 어쩌면 핵폭발로 곧 사라질 위기에 처해 있다고 걱정하고 계시나요? 윈스턴 처칠도 개인적으로 그리고 국가적으로 패배에 직면한

적이 있었죠. 하지만 그는 눈을 반짝거리면서 강철 같은 의지를 품고 마음속으로 기도를 했습니다. 이 세 가지로 그는 한 사람의 용기가 수많은 사람들에게 맹목적인 낙관주의와 굳건한 힘을 일깨워 주는 기적을 일구어 냈습니다. 결과적으로 그런 파장은 공포를 녹여 버리고 세상에 영감을 주었으며 승리를 이끌어 냈습니다. 처칠은 자신과 자신의 국가가 체스판의 말이 되기를 거부하였던 것입니다.

그런 사람들은 특별한 경우라고 생각하시나요? 당신도 기적을 만들어 낼 수 있습니다. 누구나 할 수 있습니다. 당신에게도 강력한 행성들의 전자기력에 대한 면역력을 기를 수 있는 충분한 힘이 있습니다. 그럼에도 불구하고 너무 쉽게 포기해 버리고 당신의 잠재력을 깨닫지 못한다면 정말 안타까운 일이지요.

증오와 두려움을 정복하고 나면 우리의 의지는 자유로워지고 엄청난 힘을 발휘할 수 있게 됩니다. 이것이 바로 말 없는 별들에 담겨 있는 당신 출생의 메시지입니다. 그러니 귀를 기울여 보세요.

어떤 고대 전설에서는 힘과 주술적 비밀을 알고 싶

어서 현명한 마술사를 찾아가는 남자의 이야기가 있습니다. 마술사는 그를 맑은 호숫가로 데리고 가서 무릎을 꿇게 했지요. 그러자 그 현명한 마술사는 사라져 버리고 혼자 남겨진 그 남자는 물 속에 비친 자기 모습을 보게 되었습니다.

"내가 하는 것을 그대도 할 수 있다.", "구하라, 그러면 얻을 것이다.", "두드려라, 그러면 열릴 것이다.", "진실을 추구하라, 진실이 너희를 자유롭게 하리라."

바빌론까지는 얼마나 멀어요?

60마일하고도 10마일 더 가야지.

촛불만 들고 갈 수 있을까요?

물론이지, 돌아올 수도 있는 걸!

이것은 시일까요 아니면 수수께끼일까요? 이 우주 속에 있는 모든 것은 우주 법칙의 일부이며 천문해석학은 그 법칙의 기본입니다. 천문해석학에서 종교와 의학, 천문학이 생겨난 것이지 그 반대가 아닙니다.

고대 그리스의 도시였던 테베에는 열두 별자리가

조각되어 있는데 아주 오래된 것이라 정확한 기원은 알 수 없습니다. 아틀란티스일지도 모릅니다. 하지만 그 상징들을 어디서 가져왔고 누가 새겼든 간에 그 메시지는 영원합니다. '당신은 끝없는 우주입니다.' 그리고 아직까지 하나의 별밖에 보지 못했답니다.